面向"双碳"目标的中国国际经济循环

陈曦 著

中国商务出版社
CHINA COMMERCE AND TRADE PRESS

图书在版编目（CIP）数据

　　面向"双碳"目标的中国国际经济循环 /陈曦著
. —北京：中国商务出版社，2021.9（2023.1重印）
　　ISBN 978-7-5103-3989-9

　　Ⅰ.①面… Ⅱ.①陈… Ⅲ.①中国经济－低碳经济－
研究 Ⅳ.① F124.5

　　中国版本图书馆 CIP 数据核字（2021）第 203222 号

面向"双碳"目标的中国国际经济循环

MIANXIANG SHUANGTAN MUBIAO DE ZHONGGUO GUOJI JINGJI XUNHUAN

陈　曦　著

出　　版：中国商务出版社
社　　址：北京市东城区安定门外大街东后巷 28 号　　邮政编码：100710
网　　址：http://www.cctpress.com
电　　话：010-64212247（总编室）　　010-64241423（事业部）
　　　　　010-64208388（发行部）
印　　刷：三河市明华印务有限公司
开　　本：787 毫米×1092 毫米　　1/16
印　　张：13.5
版　　次：2021 年 12 月第 1 版　　印　　次：2023 年 1 月第 2 次印刷
字　　数：221 千字　　　　　　　　定　　价：79.00 元

序

中国国际经济循环实现"双碳"目标了吗？

2020 年 9 月，习近平主席在第 75 届联合国大会上提出我国 2030 年前碳达峰、2060 年前碳中和目标，12 月在气候雄心峰会上进一步宣布提升国家自主贡献的一系列新举措，得到国际社会高度赞誉和广泛响应。2020 年中央经济工作会议明确将做好碳达峰、碳中和工作列为今年八项重点任务之一，彰显了我国坚持绿色低碳发展的战略定力和积极应对气候变化、推动构建人类命运共同体的大国担当。作为全球第一大碳排放国和第二大经济体、第一大贸易出口国和第二大贸易进口国、第一大外资流入国和第二大对外投资国，我国要顺利实现"双碳"目标，需要构建国内国际双循环低碳发展并重的新发展格局。

一、 国际经济循环中的碳转移与碳规制

国际经济循环是商品、服务、劳务、信息、技术、资本等的跨国流动，其主要形式是国际贸易和跨国直接投资。自改革开放以来我国形成的外向型经济格局决定了国际经济循环是影响我国总体碳排放水平和实现"双碳"目标的重要因素。

（一）国际经济循环的理论谱系与碳转移路径

1. 从激励到限制的国际经济循环谱系

受国家主权利益影响，国际经济循环天然带有政治属性，是政治属性与经济属性的双向博弈和互动。国际政治经济环境越趋冷，国际经济循环中的政治属性愈强烈。国际经济循环的干预手段可分为正向激励和负向限制：从假定完全竞争市场的自由贸易和自由投资出发，趋于正向激励的是贸易促进

和投资促进,当激励程度超越市场逻辑并以政治目标为主导时,可称之为对外援助,即国家以实现一定对外战略目标为前提的经济资源跨国配置,通常分为发展性援助、人道主义援助和战略性援助,这三类援助活动政治属性依次由弱到强;相反,趋于负向限制的则是贸易限制和投资限制。同样当限制程度因超越市场承受能力而带有明确禁止目标时,可称之为经济制裁,即采取断绝外交关系以外的非武力强制性措施。低烈度经济制裁包括反倾销、反补贴贸易救济等措施,高烈度的经济制裁则包括贸易禁运、中断经济合作、切断对外援助等。从无偿援助到高烈度制裁,是国际经济循环从极端正向激励向极端负向限制的逐步转变,如图0-1所示。

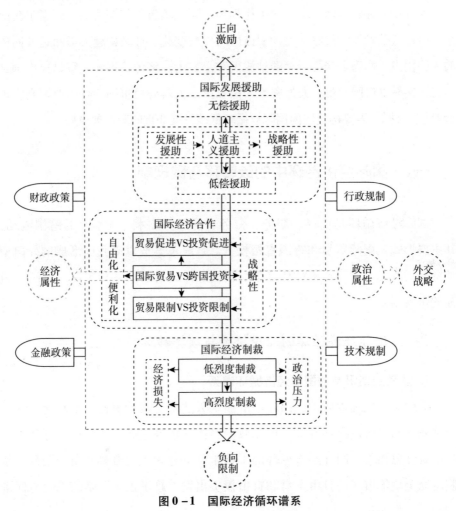

图0-1 国际经济循环谱系

2. 国际经济循环中的主要碳转移路径

国际经济循环既是国家之间碳转移的直接方式，也间接影响一国碳生产水平。作为国际经济循环的主体，出口贸易和依托外商直接投资（IFDI）承接国际产业转移是碳输入的重要途径，而进口贸易和依托对外直接投资（OFDI）对外产业转移则是碳输出的重要途径，其碳输入量减去碳输出量则是我国国际经济循环过程中的净碳排放量，即碳转移。本书测算表明，2015年我国出口贸易隐含碳排放量占中国总体碳排放量的比重约25%，依托外商直接投资承接国际产业转移隐含碳排放量占中国总体碳排放量的比重约38%。可见，国际贸易和产业转移规模、结构及其碳排放水平是影响中国总体碳排放水平的重要因素。系统剖析我国国际贸易和产业转移是否实现"双碳"目标是支持我国绿色低碳发展、达成"3060"承诺的有益探索。

（二）国际贸易和跨国直接投资的政策干预工具与碳规制

1. 国际贸易和跨国直接投资的干预工具

从国际贸易和跨国直接投资的激励体系和限制体系出发，其基本的政策干预可分为财税政策、金融政策、行政规制、技术规制、法律保障和争端解决机制。从国际贸易干预工具来看，财税政策工具包括生产补贴、R&D补贴、出口补贴、LTAR提供货物服务、税费优惠、出口退税、关税减让、关税重课、政府采购等；金融政策工具包括出口信贷补贴、出口信用保险、汇率保护等；行政规制工具包括自愿出口限制、出口配额、出口管制、关税配额、进口配额、国产化程度要求等；技术规制工具包括知识产权保护、技术壁垒、环境壁垒、社会壁垒等。从跨国直接投资干预工具来看，财税政策工具包括专项资金、外资税费优惠等；金融政策工具包括产业投资基金、投资风险保险、投资信贷优惠、外资信贷优惠、外汇管制政策等；行政规制工具包括行政审批管理、负面清单、安全审查等；技术规制工具包括知识产权保护、企业社会责任等。此外，国际贸易和跨国直接投资还受国际法、国内法以及国际多边、双边贸易和投资协定相关条款的约束限制，如图0-2所示。

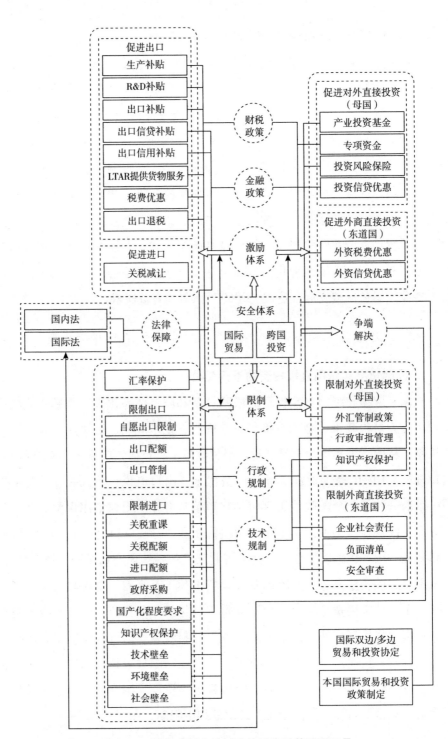

图 0 - 2 国际贸易和跨国直接投资政策干预工具

2. 干预工具中的碳规制

从碳规制角度来看，在国际经济循环中实施碳规制可以对国际贸易和产业转移产生调控作用，其既有利用碳排放标准来设立贸易和投资壁垒的限制作用，也有利用碳排放标准来控制制造业和投资回流的促进作用。

碳规制对国际贸易和产业转移发挥限制作用的实现路径，是在国际贸易和投资领域设置更严格的碳输入标准。其中在国际贸易领域设置碳边境调节税，属于财税政策中的关税重课；设置碳技术壁垒，属于技术规制中的环境壁垒。在投资领域通过负面清单设置高碳企业的准入门槛，属于行政规制；对外资企业提高环境标准，属于技术规制。在限制碳输入领域，欧盟是全球环境壁垒的发起者和推动者，2021年7月21日欧盟27国领导人就2021年征收"碳边境调节税"提出详细提案，这意味着碳规制将在未来国际经济循环中发挥更强的调节作用。

碳规制对国际贸易和产业转移发挥促进作用的实现路径，是在国际贸易和投资领域设置更严格的碳输出标准。以美国为例，奥巴马政府时期曾大力推动跨太平洋伙伴关系协定（TPP），意图以12个成员国形成的经济岛链制衡中国。但特朗普当选总统之初即迅速宣布退出TPP。特朗普政府2018年贸易政策报告里指明退出原因是TPP宽松的原产地政策、环境标准和劳工标准有利于外包流向中国。而特朗普政府的口号是让全世界都雇用美国工人、用美国货，其三大贸易行动之一是以美墨加协议（USMCA）取代北美自由贸易协定（NAFTA），以及积极与世界各国签署双边、区域贸易和投资框架协议，与TPP等原有协定的最大区别是采用更严格的环境标准和劳工标准，迫使制造业和投资回流美国，其中环境标准就包括碳排放标准。拜登执政后，更以推行"中产阶级外交"为名加速促进贸易和投资回流美国，同时全力争夺全球应对气候变化主导权，重点扶持国内清洁能源产业发展并打击我国光伏产业，其未来利用碳规制扭曲全球市场可能性极高。

二、 实现 "双碳" 目标的影响因素分析

国际经济循环"碳达峰"是指国际贸易和产业转移净碳排放量达到峰值

并在此后进入平稳下降阶段。国际经济循环"碳中和"是指国际贸易和产业转移净碳排放量降至零，即实现净零排放。转化为数理公式即为：

设 i 行业第 t 年国际贸易或产业转移碳排放量为 $EXCO_{2it}$，则有：

$$EXCO_{2it} = w_{it} \cdot EX_{itUSD}$$

其中 w_{it} 表示第 t 年 i 行业碳排放强度，EX_{itUSD} 是第 t 年 i 行业国际贸易或产业转移额。

对第 t 年各行业国际贸易或产业转移的碳排放量加总，可得当年国际贸易或产业转移的碳排放总量，即：

$$EXCO_{2t} = \sum_i EXCO_{2it}$$

因此，国际经济循环是否实现"双碳"目标，主要取决于净碳排放量，而净碳排放量主要取决于国际贸易和产业转移总量、结构以及碳排放强度。

百年未有之大变局下，国际政治经济格局加速调整，世界经济不稳定性不确定性明显增强，单边主义、保护主义、霸权主义蔓延，加之新冠肺炎疫情全球大流行，贸易和投资自由化便利化面临更加艰难复杂的国际环境。对国际贸易和产业转移实现"双碳"目标和其实现条件的判定，不可能基于完全竞争市场的理想条件，而应基于两个层面的分析：一是对内在因素的分析，即分析历史时期我国国际贸易和跨国直接投资总量、结构以及受其影响的碳转移总量和碳排放强度变化趋势，从而为国际贸易和产业转移实现"双碳"目标的条件判定提供依据；二是对外部因素的分析，即分析当前我国国际贸易和产业转移所面临复杂多变的国际政治经济环境，从而推测在未来实现"双碳"目标过程中可能产生的外部干预因素。

（一）国际贸易总量、结构与碳排放水平

1. 国际进出口贸易总量波动增长

2001 年我国加入 WTO（世界贸易组织）以来，国际贸易进出口规模除了受 2008 年国际金融危机和 2015 年欧债危机影响暂时回落，总体呈稳定上升趋势，2020 年新冠肺炎疫情并未使其受到显著影响，总体来看，出口贸易稳定上升，进口贸易有小幅回落。我国出口贸易规模从 2001 年 0.3 万亿元上升

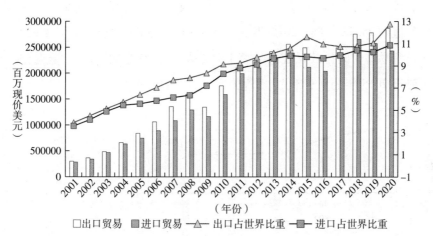

至 2020 年 2.9 万亿元，进口贸易规模从 2001 年 0.3 万亿元上升至 2018 年峰值的 2.7 万亿元，2020 年回落至 2.4 万亿元。2020 年国际贸易总额 5.3 万亿元，基本与 2019 年持平。从占世界总体比重来看，我国同样呈快速增长趋势，出口贸易占比从 2001 年 3.9% 上升至 2020 年 12.8%，进口贸易占比从 2001 年的 3.6% 上升至 2020 年的 10.9%，如图 0 - 3 所示。

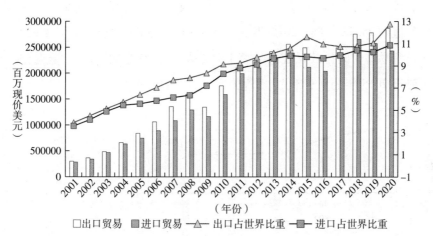

图 0 - 3　中国国际贸易规模及占世界比重

资料来源：WTO 数据库。

2. 出口贸易产业结构总体稳定而进口贸易第三产业大幅增长

根据联合国贸易和发展会议数据库数据，我国出口贸易产业结构占比，第二产业近 20 年来始终稳定在 82% ~ 89% 之间，2019 年为 86.3%。近年出口贸易额位居前列的是电气机械及器材制造业、机械工业、纺织业、金属制品、化学工业、交通运输设备制造业。第三产业则常年在 10% 左右波动；我国进口贸易产业结构占比，第二产业从 21 世纪初的 80% 左右逐年下降至 2016 年的 66%，第三产业则从 21 世纪初的 11% 左右上升至 2016 年的 22%，2019 年第二和第三产业略有调整分别为 70% 和 20%，由于第三产业受到新冠肺炎疫情冲击较大，预计未来第三产业进口贸易占比将会有明显收缩。近年进口贸易位居前列的是电气机械及器材制造业、石油/天然气开采和石油/炼焦产品/核燃料加工业、金属矿采选业、机械工业、化学工业、批发和零售业。

3. 国际贸易净碳排放量和碳排放强度均显著下降

根据笔者测算，从碳排放量来看，我国出口贸易隐含碳排放量在 1995 年约为 4.7 亿吨，此后快速增长并于 2007 年达到峰值约 28.2 亿吨，2015 年下降至约 22.6 亿吨。以进口来源国筛选法①估算进口贸易隐含碳排放量逐年增长，从 1995 年 0.4 亿吨增长至 2015 年约 4.4 亿吨。因此，可计算我国国际贸易净碳排放量（出口隐含碳排放－进口隐含碳排放）即碳转移在 2007 年达到历史峰值约 25.48 亿吨，2015 年下降至约 18.2 亿吨；从碳排放强度来看，我国出口贸易隐含碳排放强度呈显著下降趋势，从 1995 年的 3.2 千克/现价美元下降至 2015 年的 0.9 千克/现价美元。（见图 0－4）

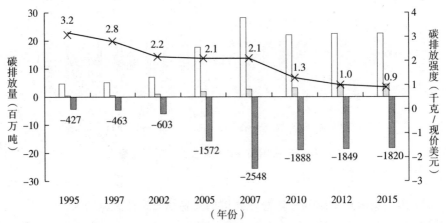

图 0－4 中国国际贸易净碳排放量和碳排放强度

资料来源：根据笔者研究计算。

（二）跨国直接投资总量、结构与碳排放水平

1. 跨国直接投资流入和流出差距不断收窄

21 世纪以来，我国外商直接投资（跨国直接投资流入，IFDI）和对外直

---

① 理论上测度进口贸易的实际碳排放水平需要根据进口来源国的投入产出表、能源消耗量等数据测算。但由于我国与世界上近百个国家都有贸易往来，获取全部相关数据难度大、耗时长，因此实际计算中普遍采用中国国内各行业碳排放强度进行替代。但由于中国从发达国家进口产品的附加值较高，"本国替代法"会较大程度地高估我国进口的碳排放水平。因此本书根据中国主要进口来源国的碳排放强度进行替代估算。

接投资（跨国直接投资流出，OFDI）流量均实现了快速增长。外商直接投资从 2001 年 500 亿美元增长至 2019 年 140 亿美元，对外直接投资从 2001 年 7000 亿美元迅速增长至 2016 年峰值 20 亿美元，2019 年回落至 10 亿美元。从占世界比重来看，外商直接投资基本稳定在 6% ~ 10% 之间，对外直接投资则从 2001 年 1% 增长至 2018 年峰值 14.5%，2019 年回落至 8.9%。从主流经济学观点即邓宁投资发展周期理论来看，富国人均资本存量较高，因而资本边际生产力较低，为追求更高的资本边际产出，资本应从富国流向穷国，但 21 世纪以来国际资本正加速从穷国流向富国，学界称之为国际资本流动悖论。中国作为发展中国家，应该仍然处于以吸引外资为主的阶段，而中国对外直接投资迅猛增长，甚至 2015 年至 2018 年，我国从跨国直接投资净流入国转变为净流出国，完全符合国际资本流动悖论，如图 0 - 5 所示。为什么作为发展中国家，我国会不断加速对外直接投资，这需要考察我国跨国直接投资的产业结构。

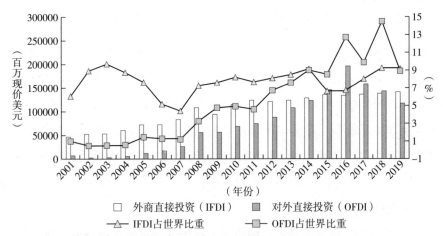

图 0 - 5　中国外商直接投资和对外直接投资流量规模及占世界比重
资料来源：联合国贸易和发展会议数据库。

2. 外商直接投资产业结构出现倒置而对外直接投资稳定集中于第三产业

根据商务部 2004—2019 年外商直接投资年报历年存量数据，我国外商直接投资于三大产业占比出现显著变化。第二产业（采矿业、制造业、电力/热力/燃气及水生产和供应业、建筑业）占比从 2004 年的 75% 逐年下降至 2019

年的 31%，而第三产业（租赁和商业服务业、信息传输/计算机和软件业、科学研究和技术服务业、批发和零售业、金融业等）占比则从 23% 增长至 69%。虽然 2019 年制造业仍然是外商直接投资存量第一大行业，约 354 亿美元、占比 26%，但租赁和商业服务业等第三产业的迅猛增长，使外商直接投资产业结构在近 20 年时间内出现倒置；根据商务部 2004—2019 年对外直接投资年报历年存量数据，我国对外直接投资三大产业结构一直保持稳定。采矿业等第二产业占比基本保持在 20%~30% 之间，而以租赁和商业服务业、住宿和餐饮业、金融业、交通运输/仓储和邮政业等为代表的第三产业占比则始终保持在 70% 以上，近年占比接近 80%。

我国的外商直接投资和对外直接投资产业结构特征，可以说明自 20 世纪 90 年代我国承接第四次国际产业转移与我国对外产业转移是完全不同的模式。我国承接国际产业转移属于产业链垂直型转移，是承接了大量从发达国家转移出来失去比较优势的碳排放水平较高的第二产业，如加工制造业，这个过程符合国际产业转移的雁行模式理论。而我国对外产业转移模式，可以概括为价值链延伸型转移，即我国对外产业转移并没有延续承接国际产业转移的模式，即并没有大量将碳排放水平较高的第二产业继续向外转移，而是更多选择投资在制造业产业链的上游和下游，上游即资源能源以及研发等，下游即销售服务和金融等。我国这种对外直接投资产业结构，可以解释国际资本流动悖论的"中国之谜"，我国显著加速对外直接投资是在巩固并拓展制造业等第二产业的产业链和价值链上游和下游，即确保我国制造业在全球全产业链服务和优势地位。

3. 工业部门国际产业转移净碳排放量稳定且碳排放强度显著下降

根据笔者计算，从碳排放量来看，我国工业部门[①]依托外商直接投资承接国际产业转移碳排放量在 1995 年约 5.2 亿吨，此后快速增长至 2007 年的约 35.3 亿吨，2012 年达到峰值约为 36.3 亿吨，2015 年略有下降约为 35.9 亿

[①] 由于目前仅外商直接投资工业企业有详细产值数据，缺乏一产、三产外商直接投资的产值数据，因此只能实值测算我国工业部门依托外商直接投资（IFDI）承接国际产业转移的碳排放水平。

吨。依据我国碳排放强度估算依托对外直接投资对外产业转移碳排放量在
2005 年约为 0.4 亿吨，2015 年增长至 1.2 亿吨。估算我国工业部门国际产业
转移净碳排放量在 2012 年达到峰值约为 35.47 亿吨，2015 年约为 34.81 亿
吨；从碳排放强度来看，我国工业部门依托外商直接投资承接国际产业转移
碳排放强度呈显著下降趋势，从 1995 年 4.1 千克/现价美元下降至 2015 年
0.9 千克/现价美元，如图 0-6 所示。

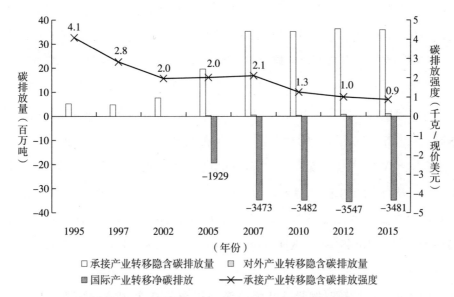

图 0-6 中国国际产业转移净碳排放量和碳排放强度
资料来源：根据笔者研究计算。

（三）国际政治经济环境不确定性分析

国际政治经济环境不确定性与技术不确定性一样，都在很大程度上影
响全球以及中国"双碳"目标的实现。当今世界最大地缘政治和地缘经济
特征是中国和美国两大经济体的竞争、合作和对抗。拜登执政后，以对抗
中国之名开启美国对外战略布局，并通过实施对外战略推动与中国战略竞
争。以中美战略竞争为主轴的大国关系调整将推动国际政治经济格局经历
新一轮嬗变。

1. 国际贸易环境不断恶化

自 2008 年国际金融危机后，贸易保护主义抬头，全球贸易摩擦愈演愈烈，反倾销、反补贴、保障措施等贸易救济工具使用频率不断提高。中国作为全球贸易救济第一大被诉国，美国、欧盟等发达国家以及印度等新兴市场国家频繁对中国发起贸易救济，贸易环境显著恶化。2017 年 10 月美国商务部国际贸易管理局发布了《中国非市场经济地位》报告，12 月欧盟委员会发布了新贸易防御法及《论贸易防御调查中中华人民共和国经济的重大扭曲》报告，美欧等强硬做法导致与中国双边贸易摩擦不断升级。2018 年 WTO 改革，意味着国际多边经贸规则面临修改。2020 年 1 月 14 日，美欧日在华盛顿举行三方会谈，并在会后发布联合声明，这是自 2017 年以来美欧日发布的第七份贸易部长级别的三方联合声明。此次声明就加强 WTO 现行产业补贴规则问题达成一致，相关规则改革剑指中国。一旦美欧日三方主导推动将此次联合声明条款纳入 WTO 补贴改革新规，我国际贸易环境将持续恶化，贸易摩擦将显著升级。从行业结构来看，1995—2019 年，我国作为被诉国的贸易救济案件，主要集中在金属制品工业（335 起，占比 17.32%）、化学原料和制品工业（319 起，占比 16.49%）、钢铁工业（224 起，占比 11.58%），均为我国主要出口行业。

拜登执政后，暂时搁置了特朗普政府以贸易战为主体的短视化、碎片化的混乱战术，但其在国际贸易领域充分延续和升级了特朗普政府的"冷战"思维。拜登政府承诺未来在国际贸易谈判中将充分考虑中产阶级的利益，针对"不公正"贸易政策作出快速有效制裁，包括补贴、强制技术转让、产能过剩等"贸易扭曲行为"，促进出口管制相关政策和法规现代化，加快制定多边出口管制措施。2021 年 3 月 25 日参议院提交《2021 中国太阳能排除法案》，禁止采购在中国制造或组装的太阳能面板，全方位布局打压中国光伏产业。2021 年 4 月 8 日美国商务部将 7 家中国信息技术实体纳入实体名单。5 月 17 日美国—欧盟就解决全球钢铁和铝产能过剩问题发布联合声明，拟定结束 WTO 争端相关事宜，阻止第三方驱动全球产能过剩，提高美欧钢铁和铝业的长期生存能力。6 月 13 日拜登与七国集团领导人承诺从全球供应链中消除一切形式的强迫劳动,特别强调农业、太阳能和服装部门的新疆供应链。6 月 24 日拜登政府进一步表示将从美国供应链中清除强迫劳动制造商品,并对中国采取一系列措施,包括对中国涉嫌强迫劳动商品征收额外费用,以确保基于国际秩序的公平贸易规则。对新疆和其他产地的多晶硅(太阳能电池主要材料)进行调查指控。打击中国新疆以外地区(包括海产品行业)强迫劳动行为。在将涉嫌新疆人权问题的 48 个企业纳入商务部实体名单后,又新增新疆 5 个企业。7 月 9 日商务部再次将 14 个涉嫌违反美国外交政策和安全利益的中国企业纳入实体名单。在中美战略竞争持续升级情况下,我国国际贸易在多双边层面均将面临更为严峻的挑战。

2. 跨国直接投资环境趋于收紧

在吸引外资方面,拜登政府将推行全球企业最低税率作为其"中产阶级外交"政策的关键部分,宣称致力于重建全球税收制度,促进美国对外直接投资回流。通过限制跨国直接投资海外避税,结束税收竞争和税基侵蚀、利润转移压力,激励企业扩大美国国内投资,为国内基础设施和社会福利提供资金。2021 年 6 月 11 日拜登与七国集团领导人围绕美国提出的 15% 全球企业最低税率提案达成协议,并将在改革国际税收规则、取消数字服务税等领域进行协调。7 月 10 日二十国集团财政部长和央行行长第三次会议核准了 7 月 1 日 G20(20 国集团)/OECD(经济合作与发展组织)"税基侵蚀和利润转移包容性框架"下"关于应对经济数字化税收挑战的双支柱解决方案声明"中提出的跨国企业利润再分配和全球有效最低税两大支柱核心要素,呼吁在 10 月 G20 财长和央行行长会议前,在已达成共识的框架内确定最终设计要素,同时提交实施双支柱详细计划。全球企业最低税率意味着跨国直接投资将结束"逐底竞争"——即部分国家以超低税率和免税优惠吸引外商直接投资。对于主要通过减免税吸引外资以提高全球竞争力的发展中国家而言,建立全球统一税收"联盟",难免成为发达国家稳定税收的"垫脚石"。我国目前作为第一大外资流入国和第二大对外投资国,未来可能受到 15% 全球企业最低税率的冲击,且程度尚难以估计。

在海外基础设施投资方面，6 月 12 日拜登会见七国集团领导人并启动"重建更美好世界伙伴关系"倡议。该倡议旨在满足低收入和中等收入国家约 40 万亿美元的巨大基础设施需求，建设由民主国家领导的价值驱动、高标准和透明的基础设施伙伴关系。美国政府将在未来几年内为中低收入国家提供数千亿美元的基础设施投资，作为中国"一带一路"倡议替代方案。同时，美国国务院正与澳大利亚外交事务和贸易部、日本国际协力机构推动建立蓝点网络，以 G20 优质基础设施投资原则、G7 夏洛瓦创新发展融资承诺和赤道原则中既定的全球基础设施原则为基础，提出针对优质基础设施项目评估的政府、私营部门和民间组织多方利益相关者倡议，以垄断全球优质基础设施投资标准和认证机制。其目的同样是对抗中国"一带一路"倡议基础设施投资。

此外，近年来美国、澳大利亚等发达国家和一些发展中国家都在为抵制中国对外投资加强本国安全审查政策，并加强本国外商投资的企业社会责任监管。美国主导 OECD 推动的国有企业竞争中立原则，也会对我国以国有企业为主体的对外直接投资产生较大影响。可以预见，我国外商直接投资和对外直接投资环境均将趋于收紧。

三、 实现 "双碳" 目标的理论条件与趋势判定

基于以上影响因素及我国国际经济循环实现"双碳"目标的理论条件，可以定量或定性对我国国际贸易和产业转移"碳达峰""碳中和"情况作出基本判断，即国际经济循环对碳排放水平的影响。

（一）国际贸易领域的"双碳"目标

1. 国际贸易净碳排放已于 2007 年实现达峰

国际贸易碳达峰的充分不必要条件是我国出口贸易碳排放总量不断下降而进口贸易碳排放总量持续增长。由上文计算和分析可知，在近 20 年我国出口贸易总额持续快速增长的情况下，我国国际贸易净碳排放量依然在 2007 年

后出现显著回落，其既受益于我国出口贸易隐含碳排放强度的大幅降低，也受益于进口贸易碳排放总量的不断提高，虽然近年进口贸易碳排放水平较低的第一、第三产业占比有小幅提高，但其对进口贸易碳排放总量影响较小。在出口贸易隐含碳排放强度不断降低的前提下，加之新冠肺炎疫情及中美战略竞争因素，预计我国出口贸易增幅难以呈现 21 世纪初刚加入 WTO 时飞速增长的态势，因此可以判断我国出口贸易碳排放量已在 2007 年达到峰值。同时在我国扩大进口政策条件下，进口贸易碳排放量将不断增长。因此可以判断，我国国际贸易净碳排放（碳转移）已于 2007 年实现达峰。

2. 国际贸易领域实现碳中和相对缓慢而艰难

国际贸易碳中和的充分不必要条件是我国贸易顺差收窄至零且出口贸易碳排放强度持续下降至等于进口贸易碳排放强度。由于无法计算我国各个进口来源国的出口贸易碳排放强度，因此仅用我国和主要进口国碳排放强度来进行替代比较。从 2017 年分大洲进口贸易额占比可见，我国进口来源国一半以上来自亚洲，20% 来自欧洲，10% 来自北美洲，亚洲进口国主要是日本、韩国等，即我国进口国大都是碳排放强度非常低的发达国家。以 2017 年日本碳排放强度 0.20 千克/现价美元为参考，我国碳排放强度 0.77 千克/现价美元约为日本的 4 倍。意味着即使我国贸易顺差为零，在国际贸易领域要实现碳中和，碳排放强度至少要下降 75%。若考虑顺差扩大情况，则碳排放强度降幅需更大，这将严峻考验我国国际贸易产业结构转型升级的力度和幅度。

（二）国际产业转移领域的"双碳"目标

1. 国际产业转移净碳排放已于 2012 年实现达峰

国际产业转移碳达峰的充分不必要条件我国承接国际产业转移碳排放总量不断下降而对外产业转移碳排放总量持续增长。由上文计算可知，我国工业部门依托外商直接投资承接国际产业转移净碳排放量在 2007 年后相对稳定，并于 2012 年出现峰值，其主要受益于工业部门碳排放强度快速降低。我国外商直接投资近年增长缓慢且产业结构大幅向碳排放水平较低的第三产业倾斜，可以判断我国承接国际产业转移净碳排放量将继续呈回落趋势。而我国依托对外直接投资对外产业转移主要以第三产业为主,其对净碳排放量影响较小。加之全球企业最低税率等影响跨国直接投资的国际规则演变,我国无论外商直接投资还是对外直接投资总量预计都难有飙升趋势。因此可以判断,我国国际产业转移净碳排放(碳转移)已于 2012 年实现达峰。

2. 国际产业转移领域已接近实现碳中和

国际产业转移碳中和的充分不必要条件是我国跨国直接投资净流量收窄至零且承接国际产业转移碳排放强度与对外产业转移碳排放强度相当。由上文可知,由于仅能计算承接国际产业转移的工业部门碳排放强度,且无法计算对外产业转移碳排放强度,只能以产业结构来替代比较。近年我国承接国际产业转移三产占比近 70%,对外产业转移三产占比近 80%,二者差距不断减小。且我国跨国直接投资净入流量总体收窄甚至一度呈负数,因此可以判断,我国国际产业转移领域已接近实现碳中和。

四、 关于本书

以上内容概述了本书开展研究的基本逻辑、基本背景以及对于中国国际经济循环实现"双碳"目标的基本判断。从具体内容来看,本书从全球低碳经济发展和中国提出"3060"碳达峰碳中和大背景出发,探讨了新时代下我国国际贸易和依托跨国直接投资(FDI)参与国际产业转移低碳发展的意义、趋势、影响机制和政策措施。在第一章,本书系统梳理了国际贸易和产业转移相关低碳发展的理论、政策和研究成果;在第二章,本书从全球、南北国家和国别三个层面搜集整理经济端和环境端数据,并基于历史数据分析了国际贸易、产业转移以及碳排放水平的演变趋势,为开展研究提供了翔实的背景资料;在第三章,本书系统梳理了碳排放水平测算数据选择和测算技术路线,并详细测算了中国分行业碳排放量和碳排放强度等关键中间数据;在第四章、第五章、第六章,本书分别测算了自 20 世纪 90 年代以来中国国际贸易、产业转移以及中国整体国际经济循环的碳排放水平,并分析其演变趋势;在第七章,本书从宏观、中观、微观三个层面构建了中国国际贸易和产业转移与碳排放水平影响机制的理论模型,并建立了计量经济模型对典型影响因子的相关性进行实证检验;在第八章,本书从优化中国国际贸易、优化中国跨国直接投资以及加强法律体系、财税政策、金融政策、市场机制、监管体制与国际治理等配套政策支持方面提出中国国际经济循环助力实现中国"3060"碳达峰碳中和目标和低碳发展的政策建议。

本书研究结果表明,中国国际经济循环与碳排放水平的显著正相关的关系已经产生扭转!中国国际贸易和依托跨国直接投资参与国际产业转移在相当长历史时期对于跨越本国环境库兹涅茨曲线(EKC)拐点起到了积极推动作用!换言之,本书的研究结果为中国国际贸易和跨国直接投资在长期背负的环境污染问题上正名!而探讨在我国国际经济循环领域设置面向"双碳"目标的低碳发展路径,一方面应站在构建人类命运共同体的高度,担负起大国责任,积极参与全球碳排放治理,为全人类和我国实现"双碳"目标服务;另一方面也需认识到碳规制政策是打入我国国际经济循环中的一枚楔子,可以对我国外向型经济起到重要调控作用。我国需要立足于国家主权,通过碳规制来维护中国的贸易安全、投资安全、产业安全乃至国家总体安全。这也是本书研究内容的深层逻辑和终极意义!

在本书出版过程中,感谢中国商务出版社的大力支持,谨此致谢!

作者

2021. 8

CONTENTS
目 录

第一章
问题及理论概述 _1

一、研究概述 _3
（一）背景和意义 _3
（二）研究内容、技术路线和工作方法 _6

二、理论与政策概述 _9
（一）低碳经济对传统国际贸易和跨国直接投资理论的挑战 _9
（二）各国国际贸易和产业转移相关低碳经济政策概述 _13

三、相关碳排放研究综述 _20
（一）国际贸易和产业转移对碳排放影响研究综述 _20
（二）低碳经济对国际贸易和产业转移影响研究综述 _21
（三）现有研究存在问题 _25

第二章
历史数据分析 _27

一、经济数据变化趋势分析 _29
（一）全球总体数据 _29
（二）南北经济体 _31

（三）世界主要国家 _35

二、碳排放数据变化趋势分析 _38

（一）碳排放总量 _38

（二）人均碳排放量和碳排放强度 _41

三、中国相关数据变化趋势分析 _44

（一）国际贸易 _44

（二）跨国直接投资 _46

（三）碳排放水平 _47

第三章

总体测算思路与关键中间数据测算 _51

一、总体测算思路 _53

（一）碳排放水平的表征数据选择 _53

（二）测算技术路线 _54

二、中国碳排放关键中间数据测算 _57

（一）分行业碳排放量 _57

（二）26 部门分行业碳排放强度 _68

（三）中国总体碳排放水平 _82

第四章

中国国际贸易碳排放水平测算与分析 _89

一、碳排放水平测算 _91

（一）出口贸易碳排放水平 _91

（二）进口贸易碳排放水平 _92

（三）国际贸易净碳排放水平 _97

（四）出口贸易碳排放水平相对于出口贸易额的脱钩程度 _98

二、测算结果变化趋势分析 _102

    （一）碳排放总量 _102

    （二）碳排放结构 _104

    （三）碳排放强度 _107

    （四）脱钩水平 _108

第五章
中国国际产业转移碳排放水平测算及分析 _111

一、碳排放水平测算 _113

    （一）工业部门承接国际产业转移碳排放水平 _113

    （二）承接国际产业转移的碳排放水平 _115

    （三）对外产业转移的碳排放水平 _120

    （四）参与国际产业转移的净碳排放水平 _123

    （五）承接国际产业转移的碳排放水平相对于外商直接投资的脱钩
        程度 _124

二、测算结果变化趋势分析 _126

    （一）碳排放总量 _126

    （二）碳排放结构 _129

    （三）碳排放强度 _131

    （四）脱钩水平 _132

第六章
中国国际经济循环碳排放水平测算及分析 _135

一、碳排放水平测算 _137

    （一）交集测算——外资用于出口（外需）的碳排放水平 _137

    （二）并集测算——中国国际经济循环的碳排放水平 _139

二、测算结果比较与分析 _141

（一）四组测算数据的横向比较 _141

（二）碳排放变化趋势 _144

第七章
中国国际经济循环碳排放影响机制探讨 _149

一、模型构建概述 _151

（一）基本思路 _151

（二）理论模型构建 _151

二、宏观层面分析——基于国际与总量视角 _152

（一）对碳排放水平的影响 _152

（二）碳排放的反制影响 _153

三、中观层面分析——基于国家与结构视角 _155

（一）对碳排放水平的影响 _155

（二）碳排放的反制影响 _157

四、微观层面分析——基于个体与技术视角 _158

（一）对碳排放水平的影响 _158

（二）碳排放的反制影响 _160

五、影响机制实证检验 _162

（一）数据选择 _162

（二）相关性分析 _164

第八章
面向"双碳"目标的低碳发展政策建议 _171

一、优化中国国际贸易政策建议 _173

（一）优化出口贸易 _173

（二）优化进口贸易　_174

二、优化中国国际产业转移的政策建议　_175

（一）优化承接国际产业转移　_175

（二）优化对外产业转移　_176

三、相关配套政策支持　_176

（一）健全法律体系　_177

（二）改革财税政策　_177

（三）推动低碳金融　_178

（四）强化市场机制　_179

（五）完善监管体制　_180

（六）参与国际治理　_180

参考文献　_182

图 目 录

图 1 - 1　研究技术路线 ……………………………………… 8

图 2 - 1　国际贸易总额及占全球 GDP 比重 ……………… 30

图 2 - 2　世界 FDI 数额及其占全球社会总投资比重 ……… 31

图 2 - 3　南北国家经济总量和占比变化情况 ……………… 32

图 2 - 4　南北国家国际贸易变化趋势分析 ………………… 32

图 2 - 5　南北国家国际贸易差额比较 ……………………… 33

图 2 - 6　OECD 国家与非 OECD 国家 FDI 流入量对比 …… 34

图 2 - 7　OECD 国家与非 OECD 国家 FDI 流出量对比 …… 34

图 2 - 8　世界主要国家和地区商品贸易进出口总额情况 … 35

图 2 - 9　世界主要国家和地区外贸依存度 ………………… 36

图 2 - 10　世界主要国家和地区 FDI 流入量 ……………… 37

图 2 - 11　世界主要国家和地区 FDI 流出量变化情况 …… 38

图 2 - 12　世界碳排放总量与增长率变化情况 …………… 40

图 2 - 13　OECD 国家与非 OECD 国家碳排放总量与增速变化情况 …… 40

图 2 - 14　OECD 国家与非 OECD 国家碳排放量占世界比重 …… 40

图 2 - 15　世界主要国家和地区碳排放量变化情况 ……… 41

图 2 - 16　OECD 国家与非 OECD 国家人均碳排放量 …… 41

图 2 - 17　OECD 国家与非 OECD 国家碳排放强度 ……… 42

图 2 - 18　全球及世界主要国家和地区人均碳排放量 …… 43

图 2 - 19　全球及世界主要国家和地区碳排放强度 ……… 44

图 2 - 20　中国进出口总额及其占 GDP 比重 …………… 45

图 2 - 21　中国商品贸易与服务贸易占外贸额比重 ……… 45

图 2 – 22 中国 FDI 流量变化情况 ···················· 46

图 2 – 23 中国 FDI 流入量占全社会投资比重 ············· 47

图 2 – 24 世界主要国家碳排放量占世界碳排放总量的比重 ···· 48

图 2 – 25 世界主要国家人均碳排放增长率 ··············· 48

图 2 – 26 全球及世界主要国家碳排放强度增长率 ·········· 49

图 3 – 1 测算国际贸易碳排放水平的技术路线 ············ 55

图 3 – 2 测算国际贸易碳排放水平的技术路线 ············ 56

图 3 – 3 受国际贸易和产业转移影响的中国国际经济循环 ···· 57

图 3 – 4 碳排放量 TOP5 行业排放量及其占比 ··········· 68

图 3 – 5 各行业直接碳排放强度 ····················· 79

图 3 – 6 各行业隐含碳排入强度 ····················· 82

图 3 – 7 不同口径的碳排放总量的比较 ················· 84

图 3 – 8 人均二氧化碳排放量 ······················· 86

图 3 – 9 1991—2017 年平均碳排放强度及其增长率 ······· 88

图 4 – 1 中国出口贸易的直接碳和隐含碳排放总量及其占比 ····· 102

图 4 – 2 进口贸易中直接碳、隐含碳排放量及其占比 ········· 103

图 4 – 3 本国替代法和进口来源国筛选法所得净碳排放量的比较 ··· 104

图 4 – 4 出口贸易主要直接碳排放行业排放量及其占出口贸易直接碳
         排放总量的比重 ··························· 105

图 4 – 5 出口贸易主要隐含碳排放行业排放量及其占出口贸易隐含碳
         排放总量的比重 ··························· 106

图 4 – 6 出口贸易中服务贸易和货物贸易的直接碳、隐含碳排放量及
         排放强度 ······························· 107

图 4 – 7 中国出口贸易的直接碳排放强度、隐含碳排放强度与平均碳
         排放强度 ······························· 108

图 4 – 8 出口贸易直接碳、隐含碳排放总量相对于出口额的脱钩
         弹性系数 ······························· 109

图 4 – 9 出口贸易直接碳、隐含碳排放强度与出口额的脱钩弹性系数 ··· 110

图 5 - 1 中国（依托 IFDI）承接国际产业转移的直接碳、隐含碳排放
总量及其占当年中国碳排放总量比重 ……………………… 127

图 5 - 2 中国（依托 OFDI）对外产业转移的碳排放总量及其占中国碳
排放总量的比重 ………………………………………………… 128

图 5 - 3 中国承接国际产业转移直接碳、隐含碳的净碳排放量 ……… 129

图 5 - 4 中国（依托 IFDI）承接国际产业转移直接碳排放量
TOP4 行业 ……………………………………………………… 130

图 5 - 5 中国（依托 IFDI）承接国际产业转移隐含碳排放量
TOP4 行业 ……………………………………………………… 130

图 5 - 6 中国（依托 IFDI）承接国际产业转移的直接碳、隐含碳排放
强度与中国碳排放强度 ………………………………………… 131

图 5 - 7 中国（依托 IFDI）承接国际产业转移的直接碳、隐含碳排放量
对 IFDI 的脱钩弹性系数 ……………………………………… 132

图 5 - 8 中国（依托 IFDI）承接国际产业转移的直接碳、隐含碳排放
强度对 IFDI 的脱钩弹性系数 ………………………………… 133

图 6 - 1 四组直接碳排放量测算数据对比 …………………………… 142

图 6 - 2 四组隐含碳排放量测算数据对比 …………………………… 143

图 6 - 3 四组直接碳排放强度测算数据对比 ………………………… 144

图 6 - 4 四组隐含碳排放强度测算数据对比 ………………………… 145

图 6 - 5 国际经济循环直接碳、隐含碳排放量占比及其占中国碳排放
总量的比重 ……………………………………………………… 146

图 6 - 6 国际经济循环的直接碳、隐含碳排放强度与中国碳排放强度 … 146

表 目 录

表 3-1　行业分类表·· 60

表 3-4　26 部门、33 部门、42 部门投入产出表行业分类的对应关系 ······ 70

表 3-5　26 部门投入产出表与 46 部门能源统计年鉴行业分类的
　　　　对应关系·· 72

表 3-6　投入产出表样表·· 74

表 3-9　1991—2016 年中国碳排放总量······························ 83

表 3-10　1991—2016 年人均碳排放量······························ 85

表 3-11　1991—2016 年中国碳排放强度···························· 86

表 4-2　依据本国替代法测算的进口贸易碳排放总量、占比及强度 ······· 95

表 4-3　依据进口来源国筛选法的碳排放强度测算结果·············· 96

表 4-4　中国净碳排放量·· 98

表 4-5　本研究的脱钩模型·· 99

表 5-4　中国（依托 OFDI）对外产业转移的直接碳排放量、隐含碳
　　　　排放水平 ·· 121

表 5-6　中国（依托 OFDI）对外产业转移的碳排放水平（承接国
　　　　筛选法）·· 123

表 5-7　中国（依托 FDI）参与国际产业转移的净碳排放量 ············ 124

表 5-8　脱钩弹性系数各项指标···································· 125

表 5-9　脱钩模型·· 125

表 5-10　中国（依托 IFDI）承接国际产业转移碳排放总量相对于
　　　　　IFDI 的脱钩状态·· 126

表 5-11　中国（依托 IFDI）承接国际产业转移的碳排放强度相对于

IFDI 的脱钩状态 ··· 126

表 6 - 1 外资企业出口（外需）的碳排放水平 ··················· 139

表 6 - 2 中国国际经济循环的碳排放水平 ··················· 140

表 7 - 1 国际经济循环与碳排放影响机制理论模型 ············· 152

表 7 - 2 变量符号、含义及数据来源 ························· 162

表 7 - 3 国际经济循环隐含碳排放水平插值前后数据的对比 ····· 163

表 7 - 4 变量平稳性检验结果 ····························· 165

表 7 - 5 国际经济循环隐含碳排放量协整检验结果 ············· 165

表 7 - 6 国际经济循环隐含碳排放量相关性分析 ··············· 165

表 7 - 7 国际经济循环的隐含碳排放总量与环境污染治理投资占比的
         格兰杰因果关系检验 ······························· 167

表 7 - 8 国际经济循环隐含碳排放量与高技术产品出口占制成品比重的
         格兰杰因果关系检验 ······························· 167

表 7 - 9 国际经济循环隐含碳排放强度 embodiedq 的 ADF 平稳性
         检验结果 ····································· 167

表 7 - 10 国际经济循环含碳排放强度协整检验结果 ············· 168

表 7 - 11 国际经济循环隐含碳排放强度相关性分析 ············· 168

CHAPTER 1

第一章

问题及理论概述

本章研究从全球低碳经济发展的大背景出发，探讨了新时代下我国的国际贸易和依托跨国直接投资参与国际产业转移低碳发展的重要意义，确定了整体研究内容和技术路线，并对当前国际贸易和产业转移相关低碳经济理论和先进国家低碳发展政策进行了系统梳理。

一、 研究概述

（一）背景和意义

1. 资源环境约束下全球低碳经济的兴起及其影响

　　1979 年，第一次世界气候大会在日内瓦召开，人类第一次提出"大气中二氧化碳浓度的增加将导致地球升温"的警告，自工业革命以来不断增加的化石能源使用量和由其导致的全球气候变化引起人们越来越多的关注。2003 年，英国能源白皮书《我们能源的未来——创建低碳经济》（*Our Energy Future—Creating a Low Carbon Economy*）中首次提出"低碳经济"这一概念，并随着历次气候变化大会的召开而在全球推广。今天，低碳经济和与之相关的气候变化问题已经成为各国政府、企业和非政府组织关注的焦点。2021 年 8 月 9 日，联合国政府间气候变化专门委员会对日益加深的气候紧急情况发出了有史以来最严厉的警告，称"如果不立即、迅速和大规模地减少温室气体排放，将全球平均气温较前工业化时期上升幅度控制在 1.5°C 至 2°C 之内（《巴黎协定》）的目标将无法实现"，未来几十年全球所有地区的气候变化将加剧。

　　随着全球气候变化、资源能源约束趋紧，人类正逐步从高消耗、高污染、高排放的化石能源经济模式转向低能耗、低污染、低排放为主的低碳经济模式，低碳经济成为世界经济发展的大趋势。一方面推进低碳生产和消费、减少温室气体排放被认为是减缓全球气候变暖的重要手段；另一方面，如同历次产业革命一样，低碳经济发展也伴随着新一轮的技术革新与产业转移，促进低碳产业发展、获得新的经济增长点成为各国竞争的重要领域。为了在低碳时代占据优势，世界各国纷纷把低碳作为经济发展的约束条件，提出各项促进低碳经济发展的措施，如鼓励新能源中清洁能源的开发与利用、限制生产过程中的二氧化碳排放、对资源产品征收碳税、考虑对进口产品征收碳关税等。

各国采取的发展低碳经济的政策会影响该国低碳产业的发展方向和程度，从而影响该国相关产业的竞争力，由此影响该国的对外贸易。随着各国减少碳排放的压力进一步加大，当二氧化碳排放权作为一种新的资源和商品加入国际贸易时，各国为了争取在未来的国际贸易中占据更有利地位，纷纷采取设置碳关税、碳足迹、碳标签等贸易壁垒和隐性贸易壁垒等措施，从而引发了国际贸易条件、贸易格局和产业格局的变化和调整。

2. 外向型经济推动中国成为世界碳排放第一大国

改革开放尤其是加入 WTO 以来，中国通过进出口贸易、依托对外直接投资（IFDI）对外产业转移、依托外商直接投资（OFDI）承接国际产业转移等方式积极融入世界经济，分享经济全球化红利。在 20 世纪 90 年代开始的第四次国际产业转移浪潮中，中国作为世界最主要产业转移承接地，承接了大量发达国家转移出来的全球价值链低端环节高碳产业，成为世界碳转移最大场所。根据 WTO 数据，2009 年中国出口贸易占全球出口的比重由 2008 年的 8.9% 增长至 9.6%，成为世界第一大出口国。外向型经济极大地推动了中国经济发展，也令中国付出了环境污染、资源耗竭的巨大代价。

诸多研究表明国际贸易中隐含了大量二氧化碳排放，而由于处于全球价值链中的不同地位，发达国家往往是国际贸易中隐含碳排放的净进口国，发展中国家是隐含碳排放的净出口国。这意味着碳排放可以通过国际贸易在发达国家和发展中国家间进行转移，从而使发展中国家承担了本不属于本国的二氧化碳排放与环境污染。近年来中国的经济增长在很大程度上依赖于对重型制造业的固定资产投资和以量取胜的高碳工业产品出口。自 2009 年起，中国超越美国成为世界碳排放第一大国，在国际贸易中面临着巨大的碳压力。中国必须将低碳作为贸易发展的约束条件，改变进出口贸易结构，这既是自身国际贸易可持续发展的内在要求，也是中国作为一个参与国际治理的大国需要承担减排责任的外在要求。

3. 中国在国际贸易及国际气候谈判中面临巨大压力

尽管近年来中国的国际贸易结构不断优化，不断吸引国际产业中的资本密集型和技术密集型制造业加速向中国转移，中国承接的劳动密集型和资源密集型产业也在陆续向其他国家和地区流动。但相关研究表明，中国依然以生产高碳、低附加值、价值链低端加工品的出口贸易和承接国际产业转移为主，巨量碳排放和碳泄露并未得到有效遏制。

2015 年末，中国签署《巴黎协定》，自愿承担减排责任以应对全球气候变化问题。在《京都议定书》基础上的《巴黎协定》取消了"自上而下"统一确定减排责任的机制，将基准减排量的确定权交由各国政府，同时也使规定国家责任、监管各国遵约情况面临更多的挑战。如何通过确立一套有效的遵约机制维护《巴黎协定》效力、如何促进缔约国履行减排等责任以及如何应对不履约情况成为迫在眉睫的问题，势必在后续气候谈判会议中引发摩擦与争议。高碳导向的外向型经济，使低碳减排成为中国政府和企业在国际贸易和产业转移中必须面对的外部约束，也使中国在国际气候谈判中面临巨大压力。

4. 新一轮全球格局重构背景下中国引领全球气候治理

自 2008 年全球金融危机后，贸易和投资保护主义抬头、发达国家跨国直接投资（FDI）萎缩、制造业回流等国际政治经济环境的变化，使全球贸易、投资、产业格局面临新一轮重构。2018 年两会期间，商务部部长钟山介绍，中国已成为世界第一大贸易国。2021 年 6 月 28 日，联合国贸易和发展会议（UNCTAD）发布《世界投资报告 2021》指出：2020 年中国成为全球第一大外商直接投资流入国和第二大对外直接投资流出国。

党的十八大以来，"生态文明"被列为"五位一体"战略发展格局，中共十九大中再次强调了"加快生态文明体制改革,建设美丽中国"的战略方向,污染防治被列入三大攻坚战之一。这意味着,我国要推进绿色发展,建立健全绿色低碳循环发展的经济体系。推进能源生产和消费革命,构建清洁低碳、安全高效的能源体系。发展低碳经济,促进节能减排,是中国应对气候变化的切实举措,也符合中国推动"生态文明"建设的要求。此外,党的十九大报告中首次明确指出中国要"引导应对气候变化国际合作,成为全球生态文明建设的重要参与者、贡献者、引领者",2020 年 9 月,习近平主席在第 75 届联合国大会上提出:我国 2030 年前碳达峰、2060 年前碳中和目标。这体现了中国在面对气候变化问题上的态度——中国将以更加积极的态度参与全球气候问题治理、应对气候变化。作为全球最大的碳减排国,中国严格落实《巴黎协定》和"十四五"规划的减排目标,其减排成果有效地遏制了全球协力减排的逆流,向全世界展现了中国引领绿色低碳经济发展的决心。

5. 为中国国际循环在环境污染问题上正名

随着中国在国际价值链中的地位和话语权不断提升,以及生态环境保护被提到国家战略高度,中国国际贸易和产业转移与碳排放水平显著正相关的关系是否已产生扭转,其对于跨越本国环境库兹涅茨曲线(EKC)的拐点是否起到积极作用,是本研究首先要回答的也是最重要的问题。换言之,本研究的意义,是为中国国际贸易和产业转移在环境污染问题上正名。以此为基础,我们将继续探讨国际贸易和产业转移对于中国碳排放的影响机制,并尝试从国际贸易和产业转移角度提出推动中国低碳经济发展的一系列可行的政策建议,这也将赋予本研究积极而重要的现实意义。

(二)研究内容、技术路线和工作方法

1. 研究内容

首先,研究系统梳理了国际贸易和产业转移与低碳发展相关的理论、政策和研究成果,并从全球、南北国家和国别三个层面搜集整理经济端和环境端数据,基于历史数据分析了国际贸易、产业转移以及碳排放水平的演变趋势,为开展研究提供了翔实的背景资料。

其次，研究分别计算了自 20 世纪 90 年代以来中国国际贸易和产业转移的碳排放水平，基于计算数据分别分析了中国在国际贸易和产业转移过程中所产生碳排放水平的演变趋势。此外，研究还计算并分析了受国际贸易和产业转移影响的国际经济循环对中国碳排放水平的影响，即探讨国际经济循环对于推动中国跨越环境库兹涅茨曲线的作用变化趋势。

再次，研究构建了国际贸易和产业转移与碳排放水平影响机制的理论模型，从宏观（国际与总量视角）、中观（国家与结构视角）、微观（个体与技术视角）三个层面探讨国际贸易和产业转移与碳排放的相互影响因素，并根据典型影响因子建立计量经济模型进行相关性实证检验。

最后，依据以上成果，研究从贸易结构、投资结构以及配套政策，包括法律体系、财税政策、金融政策、市场机制、监管体制与国际治理等方面提出国际贸易和产业转移面向"双碳"目标、助力中国低碳发展的政策建议。

2. 技术路线

本研究技术路线图如图 1-1 所示。

3. 工作方法

（1）理论研究和实证分析相结合。本研究运用国际贸易、产业经济学、环境经济学相关理论构建国际贸易和产业转移对碳排放影响机制的理论框架，也对国际和中国相关数据进行搜集、整理和分析；

（2）定性析和定量分析相结合。研究将对中国国际贸易和产业转移对中国低碳发展是否起到积极作用进行重新定性，并尝试建立计量经济模型，对影响机制的理论模型进行科学检验；

（3）历史的、动态的分析方法。研究将尝试回溯中国 1990 年至今的国际跨国贸易、产业转移、碳排放概况，以及改革开放至今的中国的国际贸易、产业转移和碳排放概况，以期在一个相对长的时间轴上完整展现中国在跨国贸易和产业转移上对碳排放的影响趋势，使研究成果具有较强的可比性、时代性和现实意义。

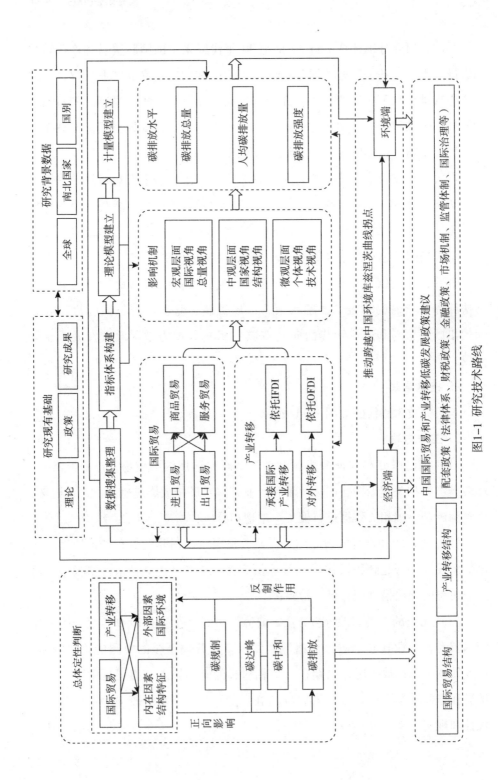

图1-1 研究技术路线

二、 理论与政策概述

（一） 低碳经济对传统国际贸易和跨国直接投资理论的挑战

低碳经济的核心要素是温室气体排放问题，特别是二氧化碳排放问题。在低碳经济条件下，碳排放成为经济发展的重要约束因素。在各国达成有约束力的减排协议的情况下，碳排放权将成为稀缺要素，参与资源配置，并影响均衡产出。这超出了传统国际贸易和跨国直接投资理论的分析框架，对传统理论提出了新挑战。

1. 比较优势理论

（1） 关于比较优势理论

在 Adam Smith 提出的绝对优势理论的基础上，David Ricardo 在其代表作《政治经济学及赋税原理》中提出了比较优势贸易理论，奠定了近代国际贸易理论的基础。David Ricardo 的比较优势贸易理论建立在劳动价值论的基础之上，其理论前提是各国劳动生产率存在差异，暗含着各国生产同一产品的生产函数是不同的，由此形成比较优势的基础。所谓比较成本，是指将本国不同产品成本的比率与国外同类产品的成本比率进行比较，即不同国家的成本比率的比较。当一个国家生产某一种产品的机会成本（用其他产品来衡量）低于在其他国家生产同类产品的机会成本时，该国在生产该种产品上就拥有比较优势。比较优势贸易理论认为，当两个国家之间同种产品的劳动生产率的差距存在差异时，即出现比较优势时，两国都会选择生产并出口本国具有"比较优势"的产品，进口具有"比较劣势"的产品，从而通过比较优势下的专业化分工提高劳动生产率。

比较优势贸易理论存在着严格前提和诸多缺陷。首先，比较优势贸易理论只把劳动作为唯一的生产要素，忽略了资金、自然资源、技术等其他要素对产出的影响；其次，它只是简单地把两种商品的相对成本进行比较确定比较优势，但如果商品数量增多，比较优势就难以确定；最后，比较优势理论把劳动生产率的国别差异看成是外生的，但事实并非如此。尽管比较优势理论并不能很好地适应实际生活中的应用，也与当今国际贸易的现实不相符合，但是它解决了国际贸易基础和交换原则的问题，比较优势的思想也由此成了现代国际经济分析的起点。

（2）低碳经济对比较优势的理论的挑战

低碳经济中，碳排放作为新加入的要素，对传统比较优势理论下的分工构成了挑战。在传统比较优势理论中，假设 A 国农产品要素丰裕，具有比较优势，而 B 国矿石资源丰富，生产金属制品具有比较优势，那么 A 国将出口农产品进口金属制品，B 国出口金属制品而进口农产品。

在低碳经济条件下，A 国和 B 国的碳排放量（碳排放权）将受到限制，假设 A 国和 B 国碳排放权一样，则碳排放权将成为影响各国生产模式的重要因素。A 国由于在农产品方面更具有比较优势，其国内碳排放量相对较小，减排任务也较小。B 国生产金属制品，冶炼业属于高碳行业，那么生产金属制品对碳排放权的需求更大，减排任务更重。B 国在碳排放权的约束下，为了减少碳排放，需要适当减少金属制品的生产，由引可能导致金属制品产品价格的上升。而对于 A 国来说减排压力相对较小，可能存在碳排放权的盈余，在进口金属制品价格上升的情况下可能会选择适当增加本国金属制品的生产量，减少进口。存在极端的情况是 B 国将会出口金属制品的原材料，即矿石，将金属制品生产转移到没有碳减排压力或者碳减排压力较小的 A 国，这将会极大地改变传统比较优势理论下的分工模式。

2. 资源禀赋理论

（1）关于资源禀赋理论

Heckscher 和 Ohlin 在 20 世纪 30 年代提出了资源禀赋理论，Ohlin 在其代表作《区际贸易和国际贸易》一书中详细地阐释了这一在比较优势贸易理论之上发展而成的理论的内涵。与比较优势、理论相似的，资源禀赋理论假定不同国家间同一产品有相同的生产条件（即相同的生产函数曲线，意味着相同的生产能力），而比较优势产生的根源在于各国不同生产要素的资源禀赋不同。在某一时间点上，资源禀赋是既定的，既定资源禀赋的比例决定了生产要素的相对价格是不一样的。一般而言，各国会选择出口其在资源禀赋上相对富裕的要素密集型产品，进口在资源禀赋上相对缺乏的要素密集型的产品。要素禀赋理论的进步之处在于在该理论中决定商品价值的不仅仅是劳动，还加入了资本、土地、劳动力等生产要素，这些共同决定了商品的效用，成为新的经济学解释框架。

（2）低碳经济对资源禀赋理论的挑战

低碳经济条件下，碳排放权作为全球公共资源，在各国的分配直接决定了各国的碳资源禀赋。与劳动力、资本、土地等要素一样，作为稀缺资源的碳排放权将对经济活动产生重要影响，与降低碳排放相关的技术也会成为影响经济均衡的重要因素。而各国资源禀赋的分配不是天然形成的，就目前来看，各国碳排放权这一资源禀赋与各国之间的博弈有关。在比较优势理论的例子中，根据要素禀赋理论，具有生产农产品比较优势的 A 国的碳排放权将成为充裕要素，而具有生产金属制品的比较优势的 B 国，碳排放权属于稀缺要素，因此，A 国可以有条件生产更多需要碳排放权的产品出口至 B 国，那么 A 国和 B 国之间的分工格局就会发生变化。

传统经济学研究的是稀缺资源最优配置的问题，例如劳动力和资本，随着理论的发展，土地和技术等要素也被加入分析要素中。低碳经济要求在经济发展过程中控制碳排放，并且会规定一些量化的指标，这使得碳排放权成为一种稀缺资源，与降低碳排放相关的技术也成为影响经济均衡的重要因素。在这种情况下，由于没有考虑碳排放权的因素，根据传统经济理论得出的结论就会有偏差。如果把一国能够拥有的碳排放权作为要素之一，那么不同产品的均衡产出将会不同。对国际经济理论来说，如果将一国可以保有的二氧化碳排放权作为要素之一予以考虑，则不论是依据比较优势贸易理论，还是依据要素禀赋理论，各国之间的贸易模式和贸易结构都可能发生变化，也就是说在低碳经济条件下，国际贸易和投资格局将发生较大变化。

但是低碳经济发展到现在仍存在一些问题：各国的碳排放权仍不确定；各国对低碳技术研发的投入和对低碳创新的支持加大了技术领域的竞争，也加大了对贸易的影响；各国关于低碳经济和应对气候变化的政策、法规越来越多地涉及贸易领域，并成为影响贸易分工的重要因素。对于这些问题，无法使用传统的比较优势理论或资源禀赋理论进行全面的考虑，只能得出低碳经济如何影响贸易整体趋势的结论，无法深入分析这种影响通过何种渠道和方式发挥作用等问题。

3. 国家竞争优势理论

（1）关于国家竞争优势理论

国家竞争优势理论由 Porter 在其代表作《国家竞争优势》一书中提出。该理论认为，一个国家的生产要素条件、需求条件、产业条件以及企业战略、结构与竞争状态这四大要素构成了国家优势的"钻石体系"，机遇和政府作用作为体系外的要素通过影响上述四要素来影响国家的竞争优势。其中，生产要素不仅包括土地、劳动力等，还包括涉及国家持续且大量的投资以及专业化的部分，比如熟练劳动力与科技基础，企业可以通过全球化战略获得这些"被创造"的生产要素，或者用技术克服这些要素所带来的问题。从需求条件的角度看，国内市场的规模经济，本国消费者对更高质量产品的需求会帮助特定产业提高国际竞争力。产业集群也可以帮助形成并维持相关产业的国际竞争力。而一国企业组织管理的方式以及国内市场的竞争状态等同样也会促进或阻碍一个国家竞争优势的形成。

低碳经济对国际贸易的影响具有很多不确定性，而这种不确定性又与碳排放权的分配及为降低碳排放而采取的在技术、生产方式、原材料、产品、制度等领域的创新密不可分，并会根据国家间的竞争对贸易产生实质的影响。Porter 的国家竞争优势理论为分析低碳经济发展对贸易的影响提供了一个基本的理论框架。国家竞争优势理论中所讨论的生产要素条件、需求条件、产业条件与企业战略、结构与竞争状态这四要素可以在很大程度上用于解释企业和产业在低碳经济中的竞争优势的形成，并最终解释各国贸易竞争优势的形成。

（2）低碳经济对国家竞争优势理论的挑战

尽管如此，国家竞争优势理论在低碳经济条件下仍然存在一定的问题，它仍然无法解决或没有涉及诸如国际贸易规则的问题、贸易壁垒的问题等，而这些方面对国际贸易的影响也很大。国家竞争优势理论强调竞争的作用，但其在低碳经济的条件下对政府的作用重视不够。从2003年英国官方首次提出低碳经济这一概念开始，低碳发展就是在各国政府的推动下展开的，各类政策、法规、标准、项目以及发展低碳经济的资金来源都与政府密切相关。

国家竞争优势理论总结了中长期企业和国家竞争优势的形成，却忽视了短期内企业和国家的竞争优势。在这一理论中，保护本国企业短期的竞争力的行为会影响其长期竞争优势的形成，而中长期的竞争优势比短期竞争优势更为重要，企业要在充满压力的环境下才能形成更强的竞争优势。但在当前国际经济发展中，存在着即使丧失短期竞争优势也无法建立长期的竞争有势的情况，导致企业或相关产业无法在市场中生存。关于这一点，李斯特的幼稚产业保护论和战略性贸易理论阐明了政府保护企业短期内的竞争优势的必要作用。

国家竞争优势理论还忽略了当前国际贸易中国际规则的重要作用。低碳经济的发展所带来的国际规则的变化也将在很大程度上影响国际贸易，但Porter的国家竞争优势理论并未涉及相关的规则、制度变迁的内容。而事实上国际规则是影响国际贸易的重要因素之一，一国的国家竞争优势也越来越依赖国际规则，离开了国际规则的支持，一国的国内政策发挥的作用将会受到很大的限制，这也是很多国家都会通过国际谈判等方式试图主导或参与国际规则制定过程的原因。

（二）各国国际贸易和产业转移相关低碳经济政策概述

1. 美国

（1）低碳相关的战略和法规

美国与中国同样都是温室气体排放大国。在低碳经济方面，美国主要关注新能源的开发利用和低碳技术创新，一方面，通过环保法律和施行环保标准提高能源利用效率；另一方面，在原有占优势低碳技术的基础上投入大量的经费支持新能源和低碳技术的研发，期待在未来有更大的突破。尽管由于美国认为中国、印度等发展中国家没有强制参与减排，且履行《京都议定书》

规定的义务将会对美国国内经济发展和就业产生消极的影响,选择在 2001 年宣布退出《京都议定书》,从开发新能源的角度,美国十分重视制定与低碳相关的政策和法规。2006 年,美国前总统布什在国情咨文中首次提出"先进能源计划"(Advanced Energy Initiative),提出加大对清洁能源技术的投资力度,以摆脱对国外能源的依赖,保障国家能源安全。2007 年,美国出台《能源与独立安全法》(Energy Independence and Security Act of 2007),这是美国能源改革的起点。为了控制由于交通工具造成的温室气体排放量,规定在 2020 年前新机动车辆的燃油经济性将提高 140%。2009 年,美国出台了《美国复苏与再投资法案》(American Recovery and Reinvestment Act of 2009),将能源问题作为重要内容之一,计划投资 215 亿美元用于能源基础设施建设,投资 275 亿美元用于提高能源效率和发展新能源,包括汽车节能、发展高效电池、可再生能源(如风能、太阳能)等。2012 年,美国发起了"气候变化与清洁空气联盟",旨在减少短期气候污染。2013 年,奥巴马政府出台《美国总统气候行动计划》,针对发电产业的碳排放实施更严格的规定。2015 年,美国启动"新清洁能源计划",要求在规定年限内煤炭行业,例如化石燃料发电厂等,大幅减排,同时政府要求在 2030 年前减排 32%。

拜登执政后,将清洁能源转型视为推动国内经济复苏和提升国际信誉的核心,对于美国激发创新、增加就业和确保未来几十年优势竞争力至关重要,美国应成为全球应对气候变化议程的领导者,并大力推进气候外交。2021 年 1 月 20 日,拜登上任第一天即签署美国重返巴黎协定文件;1 月 27 日,拜登发布"将气候危机置于美国外交政策和国家安全中心"行政命令,承诺通过投资清洁能源和可持续景观应对气候变化;4 月 19 日,参议院提交《2021 美国增强国际气候减缓、适应和技术领导力法案》,布局恢复美国在气候变化和清洁能源领域的国际领导地位;4 月 22 日,拜登主持召开领导人气候峰会,与会国家领导人有 40 位,其中 17 个国家占全球 GDP 和温室气体排放总量的 80%。会议主题为激励全球共同努力以实现将全球温升控制在 1.5 摄氏度以内的重要目标,拜登宣布到 2030 年美国将温室气体排放量减少到 2005 年水平的 50% ~ 52%。作为峰会一部分,白宫发布"气候雄心倡议"和气候国际融资方案，表示将支持伙伴国家制定净零战略，设施国家自主贡献目标和国家适应战略；8 月 5 日，白宫发布关于加强美国在清洁汽车和卡车领域领导地位的行政命令，以进一步落实"重建更好议程"和"两党基础设施交易"投资于基础设施和制造业的激励措施，未来使美国能够推动电动汽车向前发展、取代中国成为全球最大、增长最快的电动汽车市场并应对气候危机。

（2）低碳相关的贸易、投资壁垒

2009 年，美国众议院通过《美国清洁能源安全法案》，提出美国通过其国际碳储备排放许可制度来实行碳关税的问题。美国的"碳关税"并不以"碳关税"的名义出现，而是通过在产业层面降低国际碳排放的方法来实现。《美国清洁能源安全法案》提出如果到 2018 年 1 月 1 日国际社会无法达成满足美国要求的国际协议，那么美国可以设立国际碳储备排放许可制度，其依据是美国某一产业 85% 以上的进口产品是否由一些满足美国提出条件的国家所生产。如果不是的话，美国需要评估碳泄漏并对该产业进口产品实施国际碳储备排放许可制度，进入美国的相关产品需要购买该制度下的排放许可以抵消美国的企业生产同样产品所承担的碳成本。

美国的"碳关税"主要针对排放量大、对美出口较多而减排责任与美国不同的发展中国家，这也与美国一贯要求发展中国家承担相同减排责任的立场相一致。《美国清洁能源安全法案》基于总量控制和排放交易体系构建美国的"碳关税"制度，但是仍存在如何计算"碳关税"等具体执行的问题以及如何与 WTO 规则和国际环境规则相适应的问题。碳关税的实施目前仍有很多疑问与不确定性，也缺乏实施细则和标准，而非关税壁垒以其隐蔽性以直接性，被各国以低碳经济和保护环境的名义实施用以直接或间接限制甚至禁止贸易。例如美国通过《植物检疫法》等技术法规对进入美国的农产品与食品实行严格的检疫、防疫制度，阻止来自发展中国家的不达标产品进入美国市场。2000 年，美国还颁布过《国家标准战略》，通过"标准先行"实现对国际市场的控制，通过构建新的低碳的技术标准来对国外的生产商实行贸易壁垒。同时，通过绿色环境标准、绿色包装制度等对入境的产品进行限制。

2. 欧盟

（1）低碳相关的战略和法规

欧盟是低碳经济发展的起源地，也在推动低碳经济方面取得了不错的成效，低碳经济已经成为欧盟的发展重点和重要竞争力来源。作为气候变化谈判的积极推动者和低碳经济的倡导者，欧盟很早就制定了低碳发展战略，并通过大量的计划和标准来落实低碳发展目标。2000 年欧盟启动了"欧洲气候变化计划"（European Climate Change Programme，ECCP）来帮助评估在欧盟层面削减温室气体排放措施的有效性，目的是确保欧盟可以采取相关政策措施，减少温室气体排放，落实《京都议定书》中的减排目标。2004 年欧盟通过了能源税，旨在保护环境，应对气候变化的同时扩大税收，降低劳动成本。2007 年欧盟通过了欧盟战略能源技术计划，要求大幅度减排以及降低化石能源消费量。2008 年底欧洲议会通过了一系列气候能源政策，包括《排放权交易机制》、成员国减排任务及实施手段的规定、可再生能源指令、机动车辆碳排放法规和燃料质量指令等，规定欧盟到 2020 年相较于 1990 年减排至少20%，同时提高 20% 的可再生清洁能源使用率，减少 20% 化石能源使用率。

欧盟网站上关于低碳经济的立法主要包括：（1）温室气体监督和报告；（2）欧盟碳排放交易体系；（3）减排分担协议；（4）碳捕捉和碳封存；（5）交通和燃料；（6）臭氧层保护；（7）氟化气体；（8）其他低碳相关法规。这些法案涉及可再生能源发电、建筑能源效率、生物燃料和其他可再生燃料、排放交易体系、能源税、用能产品设计等各个方面，欧盟通过上述大量的指令、决议和规章对节约能源、提高能源利用效率提出了要求。欧盟在承担减排责任、推进低碳经济发展方面更为积极，主要通过各种指令、决议和规章标准等具体政策法规对用能产品、生物燃料和能源服务等进行直接管理，并通过财政资金支持进一步落实和推动低碳经济发展。欧盟还积极推动其低碳政策国际化，通过其贸易政策来削减温室气体的排放，例如对签署并执行国际环境协定的发展中国家给予特别的进口关税削减的欧盟普惠制，并积极推动环境产品和服务的贸易开放。同时积极开发市场化工具，例如碳排放交易体系和开征能源税等，欧盟认为如果设计合理，贸易政策将通过鼓励创新和低碳生产方面的国际投资，调节国际贸易与进出口，达成节能减排的目标，推动国家向低碳经济转型。

（2）低碳相关的贸易、投资壁垒

欧盟的碳关税最早由法国提出，用于保护在欧盟排放交易体系需要承担较高合规成本的欧洲工业。随后欧洲议会和理事会内部都对这一问题进行了讨论，大多数部长及专家持否定态度，认为碳关税不仅有违 WTO 现有规则，且计算进口商需要支付的价格非常困难。因此仅有少数国家对碳关税问题较为积极，由于担心欧盟碳排放交易体系会增加企业的成本从而使欧洲工业丧失竞争优势，希望通过碳关税来避免不公平竞争，同时防止碳泄漏。2008 年欧盟通过将航空部门纳入碳排放交易系统的指令，并扩展至贸易对象国，2012 年 1 月 1 日起要求所有经过欧盟的航空公司从欧盟碳排放交易体系中购买排放配额，相当于向欧盟之外的航空公司征收了碳税，可以视为碳关税的一个变形。但是关于碳关税的问题目前仍未在欧盟内部达成共识，短期内难以实现。2020 年欧盟提出 6000 亿美元的绿色基金计划，以求实现之前宣布的《欧洲绿色协议》的目标，即到 21 世纪中叶实现"气候中和"。这项协议包含更具影响力的政策，即在 2023 年前引入"碳边境调整机制"（Carbon Border Adjustment Mechanism），对温室气体排放量超过欧盟制造商标准的进口产品征税。它可能适用于各种碳密集型行业，如水泥、玻璃、钢铁、化肥和化石燃料。征收碳边境税一方面帮助欧盟完成新气候目标中制定排放目标，另一方面还可以保护欧洲制造商免受来自环境标准较低国家的产品的影响。而具体如何实施，欧盟还需要协同中国、美国等大国作出更多努力。

欧盟还制定了一系列技术层面的法律法规、标准和合格评定程序，这些技术性贸易壁垒会对国际贸易产生直接或间接的影响。其中较为重要的指令包括：2002 年欧洲议会和欧洲理事会通过了关于建筑的能源效率的第 2002/91/EC 号指令，确立了计算建筑整体能源效率的通用方法，新建筑和现有建筑进行较大翻新时的最低能效标准以及能源认证体系等。2003 年欧盟第 2003/87/EC 号指令正式建立了欧盟排放交易体系，基于总量控制和交易原则对工厂、发电厂和其他系统内设施的二氧化碳排放总量进行控制或限制，在这个限制范围内，企业可以出售或购买分配到的排放许可配额。年末如果企业没有足够的配额支付其排放，将面临很高的惩罚，同时主动减排的企业将获得更多的配额用于支付其未来的排放或交易。该交易体系成为欧盟削减工业温室气体排放量的主要工具，2012 年航空业正式加入该交易体系，在欧盟境内飞行的航空公司的碳排放量受到限制。2013 年欧盟排放体系扩展至石油化学产品、氨和铝行业，并扩展到其他温室气体。2004 年 1 月生效的欧洲理事会第 2003/96/EC 号指令则重构了对能源产品和电力征税的政策框架，将欧盟关于能源产品的最低税率从之前的矿物油扩展到包括煤炭、天然气和电在内的所有能源产品。

同时，非关税壁垒正以绿色贸易壁垒、碳标识和低碳技术标准等方式构建。欧盟的环境贸易壁垒则主要体现在对进口农产品与食品、进口纺织品与服装、进口机电产品、进口食品容器与包装材料等几个行业进口产品的限制与禁止，通过对外国产品进入欧盟市场设置重重的环境贸易壁垒，例如要求进口产品必须达到某一绿色指标等要求，保护欧盟地区相关产业的竞争力。

3. 日本

（1）低碳相关的战略和法规

日本作为一个化石能源极为匮乏的国家，一直致力于积极发展低碳经济、推动能源多样化、提高能源利用效率。日本陆续制定了多个能源发展计划和战略并配合相应的法律法规来促进低碳经济的发展。2002 年，日本经济产业省发布《能源政策基本法》（*Basic Act on Energy Policy*），该法提出要通过能源多样化和提高能源效率的方式稳定能源供给，保障能源安全；通过提高能源效率、节约能源，促进使用太阳能等非化石能源，在稳定能源供给的同时减少二氧化碳排放，防止全球变暖，保护当地环境；进行与能源供给和需求相关的经济结构改革，如能源市场自由化等，利用市场机制实现有效供给，使企业和能源消费者能更好地发挥各自的作用。在此基础上，2003 年日本出台了《基本能源计划》（*Basic Energy Plan*），根据《能源政策基本法》中确立的"能源安全、适用环境和利用市场机制"三项原则制定了国家能源政策方向。2004 年日本制定碳税方案并于 2007 年正式实施，采取定额征收制度，征收税率为 2400 日元/吨二氧化碳。2007 年日本经济产业省还提出了"清洁汽车技术研发计划",斥巨资研究替代能源和可再生能源。同年日本环境省发布《构建低碳社会》第一版并向社会征求意见,其中提出低碳社会的三项原则是:所有产业部门碳排放最小化、实现高质量生活的简单生活方式及与自然相和谐。2008 年,日本提出"福田蓝图",这标志着日本正式形成了包括技术创新、制度变革和生活方式转变等各方面的低碳战略,要求到 2050 年相比于 2008 年减排 60% ~80% ,到 2020 年减排 15%。

随着低碳经济的发展,日本逐步建立了碳排放交易机制。2010 年,日本开始实施亚洲首个碳交易体系及全球首个城市级碳交易计划,覆盖超过 1400 个碳排放源,约占日本国内温室气体排放量的 1% 。同年日本通过并发布了《低碳投资促进法案》,加快了低碳经济的发展步伐。2013 年日本启动了强制碳排放交易机制,要求在 2020 年使可再生能源消耗占比提高 20% 。但 2013 年最新版的《能源白皮书》则表明由于能源缺乏,日本取消了 2011 年《能源白皮书》中设定的 "2030 零核电"的目标。2016 年,日本政府公布《地球变暖对策计划》作为此后应对全球气候变化的基本方针,指出在《巴黎协定》的框架下日本提出 2030 年对比 2013 年减排 26% ,2050 年对比 2016 年减排 80% 的目标。日本的低碳经济政策主要针对国内的能源安全和经济发展,发挥日本在新能源开放和技术创新方面的优势,并未涉及与贸易、投资相关的问题。

（2）低碳相关的贸易、投资壁垒

日本与低碳经济相关的技术法规、标准和合格评定程序集中在节约能源使用、提高能源利用效率和碳标签等方面。早在 20 世纪 90 年代日本就制定了相关技术法规来促进资源的循环利用,减少废弃物的产生,例如促进包装和容器循环利用的法律、鼓励购买环境产品的法律等。2009 年,日本经济产业省发起了碳足迹示范项目,针对日本产大米、菜籽油、洗衣店用粉状洗涤剂等开展碳足迹试点。在技术性壁垒之外,日本还设置了《食品卫生法》《动植物检疫法》《家禽传染病预防法》等诸多法规,配合严格的卫生检疫措施,抬高日本农产品和食品的准入门槛,限制农产品与食品进口。同时日本还实行环境标志和标签制度,例如碳标签制度,对产品生产过程中的碳排放量进行追踪,促使日本消费者优先选择本国低碳产品,从而使进口产品处于劣势。

三、 相关碳排放研究综述

本研究属于国际贸易、产业经济学与环境学的交叉领域。在本研究领域内，尤其在国际贸易与碳排放、（依托 FDI）参与国际产业转移与碳排放实证方面，大量学者已积累了相对丰厚的研究成果。现有研究主要集中在两方面，一是国际贸易和产业转移对碳排放水平的影响；二是低碳经济引发的条件改变对国际贸易或产业转移产生的影响。

（一） 国际贸易和产业转移对碳排放影响研究综述

1. 与环境污染相关性的几种观点

关于国际贸易与碳排放关系的研究源自对国际贸易与环境问题之间关系的研究。在贸易对环境的影响方法学术界有三种观点：第一种观点认为对外贸易的开展将有益于环境质量的提升与改善，例如 Dean 利用中国1987—1995年各省份的数据进行研究，结果表明我国贸易自由化的进展有益于环境质量的改善，能提升我国环境质量。第二种观点完全相反，认为国际贸易的发展将促使环境质量恶化，加速环境污染。以 Khor 和 Talor 为代表的环保主义者持有这种观点，认为贸易的开展无益于环境保护且有消极影响。第三种观点相对更为全面，认为贸易与环境之间并非简单地有益或有害的关系，而是一种更为复杂的关系，此种观点大都借助 Grossman 和 Krueger 在 1991 年提出的环境库兹涅茨曲线来说明，即：随着人均收入的增长，大气中的二氧化硫等烟尘浓度呈倒 U 形特征，被称为环境库兹涅茨曲线，简称 EKC 曲线（Environmental Kuznets Curve）。学术界以 EKC 曲线为基础研究经济增长（收入）与二氧化碳排放之间的关系，由于国别以及所选取的样本数量等的不同，得出了不同的结论，例如，Holtz – Eakin Selden 和 Galeotti 等得出人均二氧化碳排放与人均收入呈倒 U 型的结论；Friedl 和 Getzner 的研究发现人均实际 GDP 和二氧化碳排放量之间存在三次方的关系，人均 CO_2 与人均收入之间呈 N 型，而不是传统的 EKC 曲线；Martin Wagner 则认为人均收入与人均二氧化碳排放量两者之间呈现出一种单调递增的关系，并不存在上述研究中所提到的拐点。

2. 碳排放水平相关实证研究

中国是一个出口大国，国际贸易的增长会促进国内碳排放量的增加。Dabo Guan 等分析了中国 1980—2030 年的碳排放情况，结论显示家庭消费、资本投资和出口增长是引起中国碳排放量增加的 3 个最主要的因素。Weber 等认为中国因国际贸易而产生的碳泄漏、碳出口导致了中国的碳排放增加，从而印证了"污染天堂假说"。许广月和宋德勇通过计算出的中国 1980—2007 年的碳排放量数据，实证分析了出口贸易、经济增长与碳排放量之间的动态关系。

进出口商品结构会影响碳排放量。王海鹏通过定量分析进出口贸易商品内含的二氧化碳排放，来分析贸易与外贸商品结构对二氧化碳排放量的影响，结果商品发现虽然碳排放强度有一定程度的下降，但由于出口规模不断扩张，出口商品中的二氧化碳排放规模处于上升的趋势。另外该结果揭示出可通过贸易结构的调整帮助减少二氧化碳排放的途径。

中国的出口贸易与对外直接投资对碳排放量会造成不同影响。邓柏盛、宋德勇选取 1995—2005 年的数据，对全国 10 个省的 GDP、FDI 与外贸数据建立面板数据模型，得出 FDI 不会加重我国的环境污染，而发达国家通过贸易向我国转移污染，使我国环境恶化。谢文武等基于中国地区与行业面板数据，认为增加 FDI 可以减少碳排放，但是出口贸易在一定程度上会增加碳排放量。倪伟清等选取浙江省 1986—2009 年的相关数据，分析了对外贸易、FDI 与碳排放之间的动态关系，结果表明，浙江省的进出口、FDI 与碳排放之间存在长期均衡关系。其中出口和 FDI 增加将导致碳排放增加，进口贸易增加在短期内对碳排放有负面影响，但是在长期会使碳排放量减少。

(二) 低碳经济对国际贸易和产业转移影响研究综述

1. 低碳经济的影响

2007 年，世界银行发布《国际贸易与气候变化：经济、法律和制度分析》的报告，从经济、法律和制度视角出发对气候变化与国际贸易的相关问题进行了研究，提出发展中国家清洁能源及相关技术的贸易自由化，WTO 框架内环境产品和服务的贸易自由化等内容。2009 年，WTO 与联合国环境规划署共同发表了《贸易和气候变化》报告，该报告认为自由贸易将以各种方式对温室气体减排产生积极的影响，反过来气候变化会影响到国际贸易流转的数量和模式。2010 年，联合国贸易与发展会议在德国发布《2010 年世界投资报告——低碳经济投资》中认为跨国公司是"双刃剑"一般的存在：既是碳排放大户，又是主要的低碳投资者，因此，它们既是气候变化问题的一部分，又是其解决方案的一部分。跨国公司可以通过改进本国和国外业务的生产流程，供应更清洁环保的货物和服务等为全球应对气候变化作出贡献。而跨国公司在发展中国家的低碳投资在帮助提高其出口竞争力并扩大生产能力，帮助其过渡到低碳经济的同时，也存在碳泄漏的风险。

2. 隐含碳排放的影响

虽然各国纷纷推行低碳经济以承担相应的国际减排责任，缓解气候变化，但在国际进出口贸易的情况下，温室气体排放的责任是应该由产品和服务的生产国来承担，还是应该由产品和服务的消费国来承担，贸易比较优势、国际减排责任分摊等是一个多个方面的复杂问题。国外学者对隐含碳排放的问题的研究主要是从最终消费的角度，通过分析出口贸易中存在的碳排放用以说明是否存在"碳泄露"与污染转移的问题。Ahmad 和 Wyckoff 提出了基于投入产出表的模型，分析了 65 个国家 1995 年的 CO_2 排放数据，指出经济合作与发展组织（OECD）国家大概 14% 的二氧化碳排放是隐含在进口中的，其中很多国家通过进口转移了 25% 的二氧化碳排放。Peters 和 Hertwich 指出，在挪威，尽管来自发展中国家的进口只占挪威进口的 10%，但有大约 50% 的进口污染转移来自发展中国家。Bin 和 Robert 对 1997—2003 年间中美贸易数据的研究结果表明，中国产品满足美国消费而产生的 CO_2 排放量由 1997 年的 2.13 亿吨增加到 2003 年的 4.97 亿吨，他们指出中国碳排放总量的 7% ~ 14% 间接出口到美国，并最终被美国人所消费。Ackerman 与 Ishikawa 等人的研究指出美日间贸易减少了全球碳排放量，但是对其他贸易体而言美国和日本都是隐含碳进口国，即对其他贸易体存在隐含碳排放，由此将部分贸易负担转移给其他贸易国。Tao Wang 和 Jim Watson 在名为《谁应对中国的碳排放负责》的研究报告中指出，从"碳出口"的角度研究中国出口贸易与温室气体排放的关系可以发现：2004 年，中国有大约 11 亿吨的二氧化碳排放是由净出口导致的，占中国当年二氧化碳排放总量的 23%，由于中国的出口产品基本属高能耗、高污染、高碳的资源型产品，中国出口贸易中的贸易顺差导致国内承担了大量出口贸易产生的碳排放。

国内也有部分学者对这一问题进行研究，得出了与国外学者研究类似的结论：中国的出口贸易中隐含着大量由出口产品消费国转移的碳排放。齐晔、李惠民和徐明的研究发现，在 1997—2006 年中国通过对外贸易的方式为国外排放了大量的碳。李丽平、任勇和田春秀在《国际贸易视角下的中国碳排放责任分析》一文中也提出，中国的碳排放增长不仅要考虑历史发展的阶段性因素，更要考虑现代贸易和投资引发的转移性因素，中国出口产品的消费者对中国的碳排放增长负有不可推卸的责任。刘强、庄幸等分析了中国 46 种主要的出口贸易产品的出口载能与碳排放量，结果表明这些产品在出口的过程中带走了大约 13.4% 的国内一次能源消耗，随之产生的碳排放量约占国内碳排放量的 14.4%。孙小羽和臧新的研究结果表明，中国的出口贸易能源消耗及二氧化碳排放占世界的比重正在增加。

3. 碳关税的影响

碳关税作为发达国家对进口的高耗能产品征收的特别的二氧化碳排放关税，本质上属于碳税的边境税收调节，也是碳税在国际贸易领域的扩展。作为低碳贸易壁垒的一种重要形式，通过对进入本国的碳密集型进口产品按照本国税率征收碳税来维持本国产品在国际市场上的竞争优势。针对美国、欧盟提出的碳关税的设想，部分国外学者进行了研究。麻省理工学院的 Babiker 通过构建可计算一般均衡模型并纳入多区域的世界经济数据，定量分析了碳关税对中国出口贸易的影响，他指出，因为大量的能源密集型产业转移到中国，中国将成为碳关税征收的重点对象并因此遭受重大损失。Dong 和 Whalley 选用四个地区的数据利用一般均衡模型分析了碳关税对国际贸易的可能影响，指出温室气体减排承诺国进口量会因征收碳关税减少，其他国家进口量却因此增加；他们还着重强调中国的出口量会因欧盟和美国征收碳关税而减少。

尽管碳关税对国际贸易总量的影响不大，但是高碳产品会受到较大的冲击。Manders 和 Veenendaal 的研究发现在欧盟实行的碳排放交易机制下，实施类似碳关税的边境调节税可以有效减少"碳泄漏"，对欧盟是有利的，但是对其他国家会造成福利损失。Niven、Sergey 和 John 在 2010 年运用经济模型对当时已有数据进行估测，提出到 2025 年时碳关税可以减少约 2/3 的"碳泄漏"，但对减少全球碳排放量的效用很小，并且会影响全球的福利效应，从这一点上看实施碳关税的代价较高。

国内学者对这一问题定性分析的结论是：碳关税是欧美发达国家以环保与减排为借口，推行贸易保护主义，保护本国产业的方式。夏先良认为"碳关税本质上是一个国际政治经济学的问题"，是欧美发达国家企图借助经济、贸易、科技霸权降低减排成本，推行贸易保护主义的策略，已经失去了削减碳排放的意义，将打压新兴市场国家的出口，压制中国等出口大国的竞争力。顾列铭提出碳关税将改变现有的国际贸易格局：低碳产品在国际贸易中的比重上升会改变国际贸易的商品结构；实施碳关税使气候成本内部化则会改变某些国家的比较优势；由于各国的减排能力不同，存在隐含的贸易歧视。

同时，碳关税等低碳贸易壁垒的实施将增加中国相关产品的成本，削弱其在国际市场上的竞争力，导致出口量下降，出口贸易遭受巨大损失。熊焰指出碳关税是美国在金融危机后试图以绿色产业带动经济复苏的手段之一，希望在危机后抢占未来产业制高点，而对于中国这样的高碳经济体会有重大打击，削减中国产品的竞争力。于立新指出，中国传统贸易模式下的高碳经济面临新的挑战，特别是碳关税可能带来的风险与损失。沈一娇，刘正提出低碳贸易壁垒会增加出口产品成本，从而导致价格优势被削弱；发达国家制定的市场准入标准将我国高碳产品拒之门外；如果西方国家以低碳技术掌握国际贸易规则，那么我国在国际贸易中将处于被动地位。还有一些学者认为低碳贸易壁垒客观上会对我国出口贸易产生一定的积极影响。张国军在分析碳关税对高碳排放企业的消极影响后，也指出发达国家征收碳关税可以促使这些企业进行产业改造和升级，我国可以抓住这次契机，发展低碳经济。

（三）现有研究存在问题

虽然国内外对于国际贸易和产业转移相关低碳研究成果颇丰，但仍存在显著的空白地带及问题。

1. 研究数据陈旧

绝大多数现有研究选取 2010 年以前的数据。如前所述，近十年全球国际贸易条件、产业格局以及我国贸易结构、产业结构均都发生了较大变化，中国基于碳排放相关指标的数据也发生了较大改变，基于最新数据的实证分析目前十分缺乏，这直接影响了目前国际贸易和产业转移对我国低碳发展影响的定性和定量判断。

2. 缺乏系统理论研究

现有研究缺乏阐述国际贸易和产业转移对于碳排放水平影响机制的系统理论支撑。目前较多研究成果是基于计量经济模型的实证研究，理论研究也大都局限于低碳经济发展对国际贸易或产业转移产生影响的经济学理论依据。目前研究中，较少涉及国际贸易和产业转移对碳排放影响机制的理论阐述和理论模型构建。

3. 实证研究欠缺逻辑

当前大多数实证研究选取数据缺乏逻辑，其根源还是在于理论研究和理论模型构建的缺失。现有实证研究的数据选择大都十分单一，如多以出口货物总量、外商直接投资与碳排放总量建立计量经济模型进行回归分析。但国际贸易、产业转移不能以出口货物总量或外商直接投资等单一指标衡量，碳排放水平也不能以碳排放总量或其他单一指标衡量，基于以上数据进行回归分析也很难得出客观结论。

因此，本研究将尝试修正目前本领域研究中的不足和谬误，旨在基于一个相对长期的历史数据，全面计算并分析中国的国际贸易和产业转移的碳排放水平及演变趋势，并建立一个相对完善的国际贸易和产业转移对于碳排放水平影响机制的理论模型，通过建立指标体系和计量经济模型，对中国的国际贸易和产业转移与碳排放水平进行实证分析，以翔实的数据基础支撑政策、建议的制定。

CHAPTER 2

第二章

历史数据分析

本章研究从世界贸易组织（WTO）、经济合作与发展组织（OECD）、世界银行（WB）、联合国贸易与发展会议（UNCTAD）、国际货币基金组织（IMF）和英国石油公司（BP）数据库中搜索了表征国际贸易、跨国直接投资和碳排放水平自1980年起近40年时间跨度的相关数据，从全球、南北国家和国别三个层面进行演变趋势的分析，为本研究提供了一个数据支撑的宏观背景。

一、 经济数据变化趋势分析

（一） 全球总体数据

1. 国际贸易

自20世纪90年代初期，伴随第四次国际产业转移，国际贸易出口总额由1990年的4.2万亿美元稳步上升，至2008年达到20万亿美元。2009年受全球金融危机影响国际贸易出口总额同比下降约20%，之后稳步回升，在2014年达到历史最高点24.1万亿美元，之后有所回落，2017年国际贸易出口总额约为23万亿美元。从占全球GDP比重来看，与国际贸易出口总额变化趋势相似，2008年达到历史峰值31.4%，2009年大幅回落并有所回升，2017年国际贸易出口总额占全球GDP比重为28.7%，如图2-1所示。

2. 跨国直接投资

世界跨国直接投资（FDI）的迅速增长是国际产业转移（特别是从发达国家向新兴经济体和发展中国家的产业转移）最主要的路径，因此世界FDI流出量通常也比流入量先迎来变化。20世纪70年代到80年代，特别是

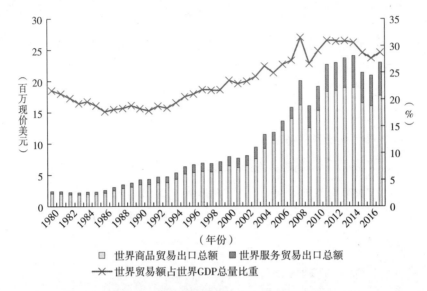

图 2-1　国际贸易总额及占全球 GDP 比重

资料来源：世界 GDP 总量来自国际货币基金组织 World Economic Outlook 数据库；世界商品贸易和服务贸易总额变化情况来自世界贸易组织 WTO 数据库，服务贸易额 1980—2013 年数据根据 BPM5，2014—2016年数据根据 BPM6。

1985 年以后，第三次国际产业转移浪潮带动世界 FDI 流入量和流出量同时快速增长，此时承接产业转移的国家和地区较少，主要是亚洲"四小龙"，而产业转移需求迫切，因而 FDI 流出量略高于流入量。20 世纪 90 年代，在第四次国际产业转移浪潮影响下，世界 FDI 流入量和流出量迎来又一波快速增长，1995 年第一次双双突破 3000 亿美元，1999 年再一次同时突破 1 万亿美元。21 世纪初期，由于"9·11"恐怖主义事件以及世界经济周期性波动等因素影响，FDI 数量在减少，但 2003 年以后恢复上升势头，至 2007 年世界 FDI 流出量达到历史峰值（2.17 万亿美元）。2008 年世界金融危机后，FDI 流入量和流出量虽然依然维持在较高水平上，但持续波动，没有进一步的明显的增长，2017 年世界 FDI 流入量和流出量基本持平，都在 1.43 万亿美元左右。世界 FDI 流量占全球社会总投资（按照 IMF 提供的世界 GDP 总量和其中投资占比数据计算得出）的比重变化趋势和 FDI 流量的变化趋势基本一致，都存在 2000 年和 2007 年两个峰值点，2017 年比重都为 6.93%，如图 2-2 所示。

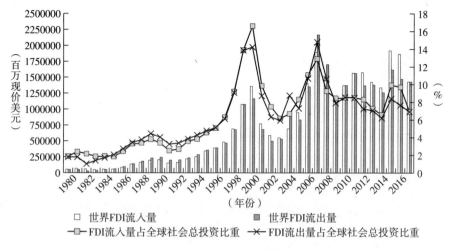

图 2 - 2 世界 FDI 数额及其占全球社会总投资比重

资料来源：世界 FDI 流入量和流出量来自联合国贸易与发展会议数据库；世界 FDI 流量占全球社会总投资比重根据国际货币基金组织 World Economic Outlook 数据库数据测算。

（二）南北经济体

1. 经济总量和占比

OECD 国家即经济合作与发展组织的 36 个成员国，包括美国、英国、法国、德国、澳大利亚、加拿大、日本、韩国等国家，代表了世界上市场经济较为发达的国家，其经济总量在世界经济中持续占有较大比重。1980 年以来，OECD 国家和非 OECD 国家经济总体上都在不断增长，但总量上还有较大差距。从占比来看，OECD 国家 GDP 总量占世界 GDP 总量的比重在相当长的一段时间之内维持在 80% 左右，到 2005 年以后非 OECD 国家（特别是新兴市场经济体）经济发展速度加快，OECD 国家则增长相对乏力，两者的比重差距在持续缩小。2017年，OECD 国家 GDP 总量约 50 万亿美元，占世界 61.51%；非 OECD 国家 GDP 总量约为 30 万亿美元，占世界 38.49%，如图 2 - 3 所示。

2. 国际贸易

1980 年以来，OECD 国家在国际贸易中占据较为主要的地位，进出口总额整体高于非 OECD 国家，进口额和出口额占国际贸易值的比重始终在 50% 以上。2017 年 OECD 国家进出口总额约为 2.8 万亿美元，非 OECD 国家进出口总额约为 1.78 万亿美元。但 2000 年以来两类国家在国际贸易领域的差距也正在缩小，OECD 国家进口和出口占国际贸易值的比重从 70% 以上下降到 60% 左右，如图 2-4 所示。

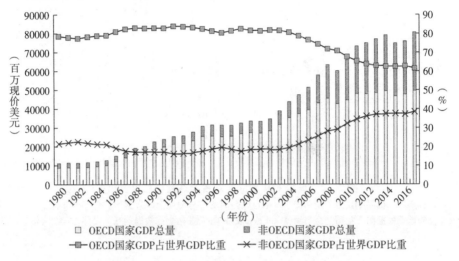

图 2-3 南北国家经济总量和占比变化情况

资料来源：世界银行数据库。

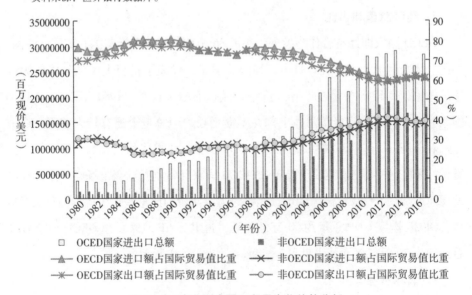

图 2-4 南北国家国际贸易变化趋势分析

资料来源：世界银行数据库。

此外，从贸易差额（贸易余额）的角度来看，南北国家之间也呈现出鲜明的区分。OECD 国家除 20 世纪 90 年代中后期基本处于贸易平衡外一直处于入超状态，而非 OECD 国家在 20 世纪 80 年代和 90 年代贸易余额处在波动之中。1999 年以来逐渐形成 OECD 国家入超、非 OECD 国家出超的情况，2008 年达到峰值，OECD 国家贸易逆差达到 7997 亿美元。之后随经济周期波动较大。2017 年非 OECD 国家贸易顺差约 2427 亿美元，如图 2 – 5 所示。

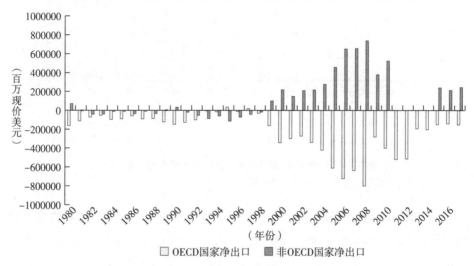

图 2 – 5　南北国家国际贸易差额比较

资料来源：世界银行数据库。

3. 跨国直接投资

OECD 国家和非 OECD 国家相比，因其具有较完善的市场经济制度和环境而具有较大的 FDI 流入量，因其资本市场相对完善、资本积累相对较多而具有较大的 FDI 流出量。但这一情况也在发生着变化。同时，FDI 流量也会受经济周期的影响，存在一定的波动，20 世纪 80 年代末、90 年代末和 2006—2007 年这几个时间点上无论是 OECD 国家还是非 OECD 国家的 FDI 流量都出现了峰值。

从 FDI 流入量的数据上看，OECD 国家 FDI 流入量从占世界 90% 以上（1980 年）到占世界 50% 左右（2017 年，约 7600 亿美元，同期非 OECD 国家流入量为约 6700 亿美元），甚至曾在 2014 年被非 OECD 国家在总量和占比上超过，说明虽然 OECD 国家之间的相互直接投资依然更多，但非 OECD 国家吸引跨国投资的能力在逐渐增强，FDI 也在促进非 OECD 国家承接 OECD 国家的产业转移，如图 2-6 所示。

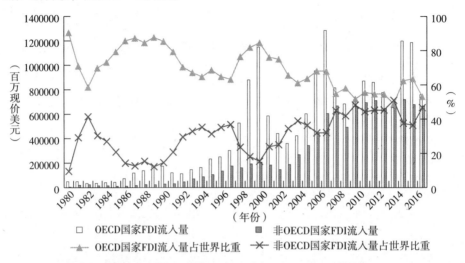

图 2-6 OECD 国家与非 OECD 国家 FDI 流入量对比

资料来源：联合国贸易与发展会议数据库。

从 FDI 流出量的数据上看，不同于流入量，非 OECD 国家的 FDI 流出量和 OECD 国家相比差距依然明显，说明非 OECD 国家目前仍以承接产业转移而非对外进行产业转移为主，资本仍在积累过程中。OECD 国家 FDI 流出量占世界的比重从 1980 年的 95% 下降到 2017 年的 74%（约 10500 万亿美元），非 OECD 国家 FDI 流出量占比则在 2017 年上升到 26%（约 3700 亿美元），如图 2-7 所示。

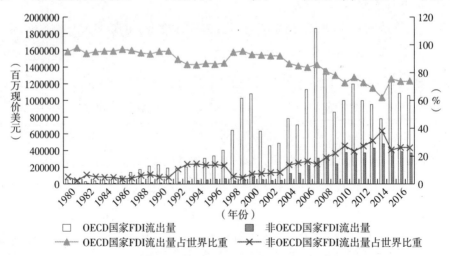

图 2-7 OECD 国家与非 OECD 国家 FDI 流出量对比

资料来源：联合国贸易与发展会议数据库。

（三）世界主要国家

1. 国际贸易

世界主要国家和地区的国际贸易进出口总额在 1980 年到 2000 年大致呈现出平稳增长的趋势，美国和中国增速较快。2000 年后随着"冷战"结束和经济全球化深入发展，上述主要国家和地区商品贸易进出口总额加速增长，但在 2008—2009 年全球金融危机期间以及 2014—2016 年有不同程度的下跌。欧盟对外商品贸易额总和长期最高，中国商品贸易额持续增长（在 2004 年超过日本，在 2013 年超过美国），日本、俄罗斯和印度增长较为缓慢，其中俄罗斯在 2015 年被印度超过。2017 年中国商品贸易进出口总额为 41071.6 亿美元，是全球第一大货物贸易国，美国以 39547.5 亿美元的商品贸易额紧随其后，欧盟对外商品贸易总额达到 44670 亿美元，日本则是 13701 亿美元，印度和俄罗斯分别是 7461.7 亿美元和 5916.7 亿美元，如图 2-8 所示。

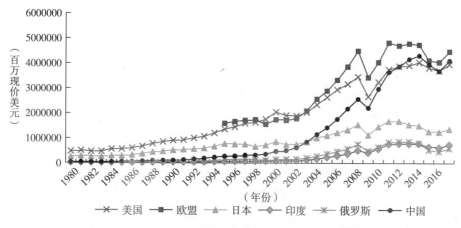

图 2-8 世界主要国家和地区商品贸易进出口总额情况

资料来源：贸易数据来自联合国贸易与发展会议数据库以及世界贸易组织数据库，商品贸易 1995—1998 年数据为欧盟 15 国。

从外贸依存度来看，中国和俄罗斯整体外贸依存度较高，都长期保持在 30% 以上，并一度达到 50% 以上，而美国、日本、欧盟和印度整体外贸依存度较低，基本上在30%以下（印度在2005—2015年10年间例外）。2017年，美国、欧盟国家、日本、印度、俄罗斯和中国的外贸依存度分别为20.3%、25.8%、28.1%、28.7%、37.5%、34.2%。变化趋势方面，20世纪90年代初以来各国对外贸易依存度随着经济全球化深入发展而整体呈现出上涨的趋势，2008年以后则有不同程度的下降，之后有所波动。其中，中国和印度作为发展中国家变化轨迹比较相似，都是在达到峰值（中国在2006年，印度在2008年和2012年）之后有较大幅度的下降，可能与贸易产业的升级和国内市场需求的扩大有关；相对来说美国、欧盟和日本变化不大，原因是其经济结构较为成熟，且国家或地区内部市场较为完善。例外的是俄罗斯20世纪90年代末以来外贸依存度一直在波动中下降，经济危机对其外贸依存度的影响也不像对其他国家一样大，这可能与俄罗斯外贸商品结构相对单一、制裁倒逼国内经济发展等因素有关，如图2-9所示。

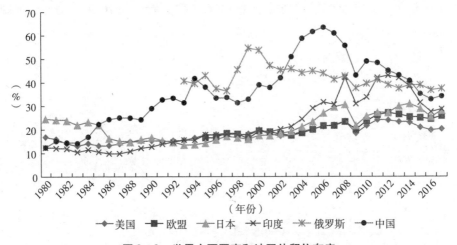

图2-9　世界主要国家和地区外贸依存度

资料来源：外贸依存度根据进出口总额和GDP总量计算得出。贸易数据来自联合国贸易与发展会议数据库以及世界贸易组织数据库，其中服务贸易数据1980—2004年根据BPM5，2005—2017年根据BPM6；欧盟商品贸易1995—1998年数据为欧盟15国，服务贸易1995—2007年数据为欧盟15国；GDP数据来自国际货币基金组织World Economic Outlook数据库。

2. 跨国直接投资

在世界主要国家中，欧盟和美国依然是FDI流入的较热门国家，FDI流入量在20世纪90年代末、2008年前和2013—2015年间出现几次高潮但随后迅速减少，波动较大；日本、印度和俄罗斯相比之下 FDI 流量规模较小，变化不大；中国在 1992 年后较快且比较平稳，逐渐超过日本、印度和俄罗斯，但相比美国和欧盟国家还有一定差距。2017 年，美国、欧盟、日本、印度、俄罗斯、中国的 FDI 流入量分别为 2753.8 亿美元、414.29 亿美元、104.3 亿美元、399.2 亿美元、252.8 亿美元、1363.2 亿美元，如图 2 - 10 所示。

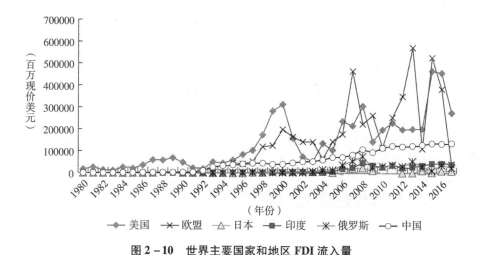

图 2 - 10　世界主要国家和地区 FDI 流入量

资料来源：美国、日本、印度、俄罗斯、中国数据来自联合国贸易与发展会议数据库。中国未包括香港、澳门和台湾地区。欧盟数据仅计算欧盟以外的国家和欧盟之间的 FDI 流量，数据来源于欧盟统计局，按照欧洲央行公布的 2017 年欧元对美元平均汇率 1.1297 计算现价美元。

　　FDI 流出量的变化趋势和 FDI 流入量的变化趋势大体相似，但各个国家情况差异较在，这也反映了国家的经济状况及其在世界经济体系中的相对位置。美国和欧盟依然在总量上占据优势；日本在 20 世纪 80 年代后期的 FDI 流出量一度超过美国，随后拉开差距，但在 2010 年之后又缓慢上升逐渐接近美国，并长期高于中国、印度和俄罗斯；印度和俄罗斯总量较低，且缺乏增长势头；中国 2006 年后 FDI 流出量加快增长，2015 年和 2016 年连续两年超过日本，2017 年回落。2017 年美国、欧盟、日本、印度、俄罗斯、中国的 FDI 流出量分别为 3422.7 亿美元、1351 亿美元、1604.5 亿美元、113.0 亿美元、360.3 亿美元、1246.3 亿美元，如图 2 - 11 所示。

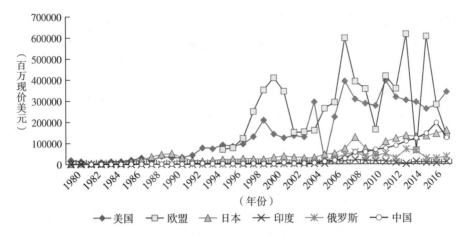

图 2 – 11　世界主要国家和地区 FDI 流出量变化情况

资料来源：美国、日本、印度、俄罗斯、中国数据来自联合国贸易与发展会议数据库。中国未包括香港、澳门和台湾地区。欧盟数据仅计算欧盟以外的国家和欧盟之间的 FDI 流量，数据来源于欧盟统计局，按照欧洲央行公布的 2017 年欧元对美元平均汇率 1.1297 计算为现价美元。

二、　碳排放数据变化趋势分析

（一）碳排放总量

1. 全球碳排放总量

伴随着经济发展和人口增加，全球碳排放总量在整体上也呈现出不断增加的趋势，从 1980 年的 183 亿吨增加至 2017 年的 334.44 亿吨。虽然在 1992 年就通过了《联合国气候变化框架公约》，但 1992 年之后的全球碳排放增速相比之前并没有明显的变化，甚至在 2003 年和 2004 年达到了比之前更高的峰值（5% 以上），在 2008 年和 2009 年因经济不景气造成的增速下降之后又恢复到 1% 以上的增长率，近年来略有下降，2017 年全球碳排放量增长率为 1.29%，如图 2 – 12 所示。

2. 南北经济体

OECD 国家与非 OECD 国家之间存在碳排放转移的情况。20 世纪 80 年代和 90 年代，OECD 国家的碳排放量一直高于非 OECD 国家，但多数年份其增速低于非 OECD 国家。进入 21 世纪后 OECD 国家碳排放量整体呈现下降趋势，多数年份增速为负值，而非 OECD 国家碳排放量持续以较高速度增长，总量持续走高。2004 年非 OECD 国家碳排放总量首次超过 OECD 国家。2017 年，OECD 国家碳排放总量 124.48 亿吨，增长率 0.40%，非 OECD 国家碳排放总量 209.95 亿吨，增长率 1.82%，如图 2 - 13 所示。

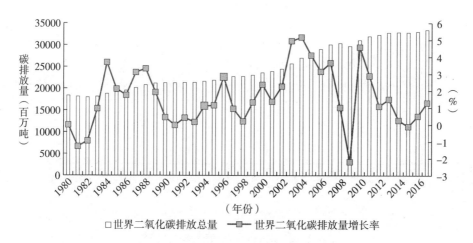

图 2 - 12　世界碳排放总量与增长率变化情况

资料来源：BP Statistical Review of World Energy 数据库。

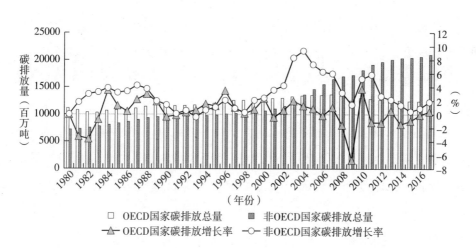

图 2 - 13　OECD 国家与非 OECD 国家碳排放总量与增速变化情况

资料来源：BP Statistical Review of World Energy 数据库。

从 OECD 国家和非 OECD 国家的碳排放量占世界比重中也能清楚地看出，2000 年以后 OECD 国家向非 OECD 国家的碳排放转移在增加，到 2010 年以后增速放缓。到 2017 年，非 OECD 国家碳排放量占全世界比重已经达到 62.8%，如图 2-14 所示。

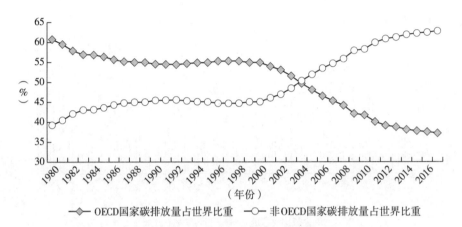

图 2-14 OECD 国家与非 OECD 国家碳排放量占世界比重

资料来源：根据 BP Statistical Review of World Energy 数据库计算。

3. 世界主要国家

碳排放量是经济、人口规模、生产效率、环保观念等因素的综合反映。在发达国家中，美国由于其经济和人口规模、消费习惯等因素影响，1980 年以来一直是碳排放量最高的国家，且在 2006 年以前还保持增长势头，在 2006 年以后有所下降；欧盟国家和日本相对重视经济的节能高效，因而从 1980 年以来碳排放量保持平稳、略有下降，日本甚至低于中、印等较大的发展中国家。在新兴经济体中，俄罗斯碳排放量和日本较为接近，2009 年被印度超过；印度和中国因经济发展较快、人口规模较大而有较快增长，中国在 2002 年以后加速增长，已成为世界碳排放规模最大的国家。2017 年，美国、欧盟国家、日本、印度、俄罗斯、中国的碳排放量分别为 50.88 亿吨、35.42 亿吨、11.77 亿吨、23.44 亿吨、15.25 亿吨、92.33 亿吨，如图 2-15 所示。

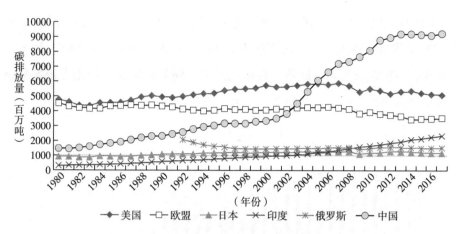

图 2 - 15　世界主要国家和地区碳排放量变化情况

资料来源：BP Statistical Review of World Energy 数据库，欧盟国家在 1985 年以前不包括爱沙尼亚、拉脱维亚和立陶宛，在 1990 年以前不包括克罗地亚和斯洛文尼亚。

（二）人均碳排放量和碳排放强度

1. 南北经济体人均碳排放量

1980 年以来，OECD 国家人均碳排放量依然远高于非 OECD 国家，但差距在逐步缩小。2017 年 OECD 国家人均碳排放量 9.57 吨/人，非 OECD 国家则为 3.37 吨/人，如图 2 - 16 所示。

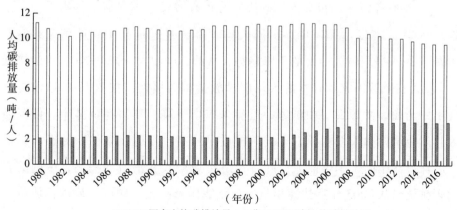

图 2 - 16　OECD 国家与非 OECD 国家人均碳排放量

资料来源：碳排放量数据来自 BP Statistical Review of World Energy 数据库；人口数据来自世界银行 World Development Indicators 数据库。

OECD 国家和非 OECD 国家碳排放强度都在降低,但非 OECD 国家降幅更大。2017 年 OECD 国家碳排放强度为 0.25 千克/现价美元,非 OECD 国家则为 0.68 千克/现价美元。虽然存在南北国家之间的碳转移,但南方国家经济的碳排放效率也在提高,如图 2 – 17 所示。

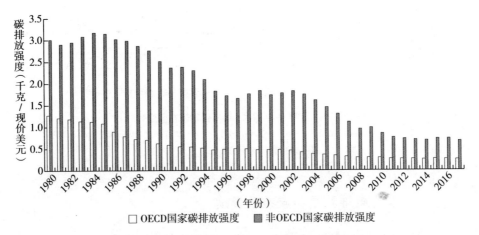

图 2 – 17 OECD 国家与非 OECD 国家碳排放强度

资料来源:碳排放总量数据来自 BP Statistical Review of World Energy 数据库;GDP 总量数据来自国际货币基金组织 World Economic Outlook 数据库。

2. 全球及世界主要国家人均碳排放量

自 1980 年以来,世界人均碳排放量稍有增长但不显著,基本平稳,接近 5 吨/人。在发达国家中,美国人均碳排放量远远高于其他国家,但自 2006 年以来呈现较为显著的下降趋势,从约 20 吨/人下降到 2017 年的接近 15 吨/人;欧盟国家和日本的人均碳排放量相对接近,在 2010 年以前一直高于中国和印度等发展中国家,近年来有所下降。新兴经济体中,俄罗斯因其产业结构和人口规模,人均碳排放量较高,经历独立初期的经济衰退以后保持在稍高于 10 吨/人;随着经济迅速增长和消费的提高,中国的人均碳排放量从 2003 年后快速增长到与欧盟国家接近;印度人均碳排放量增长缓慢。2017 年,美国、欧盟国家、日本、印度、俄罗斯、中国人均碳排放量分别为 15.6 吨/人、6.9 吨/人、9.3 吨/人、1.8 吨/人、10.6 吨/人、6.7 吨/人,如图 2 – 18 所示。

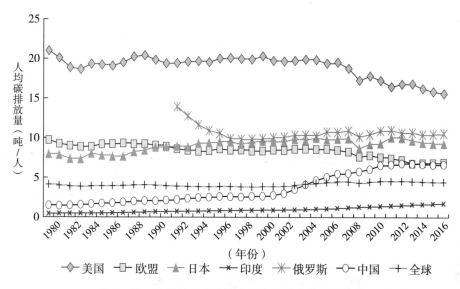

图 2-18　全球及世界主要国家和地区人均碳排放量

资料来源：碳排放总量数据来自 BP Statistical Review of World Energy 数据库；人口数据来自世界银行 World Development Indicators 数据库；欧盟国家在 1985 年以前不包括爱沙尼亚、拉脱维亚和立陶宛，在 1990 年以前不包括克罗地亚和斯洛文尼亚。

3. 全球及世界主要国家碳排放强度

　　碳排放强度衡量了经济的碳排放效率。近 40 年来，全球平均碳排放强度在逐渐降低，从 1980 年的 1.65 千克/现价美元下降到 2017 年的 0.42 千克/现价美元。发达国家碳排放强度的变化趋势与全球平均一致，且碳排放强度始终低于全球平均水平，即使是人均碳排放量很高的美国，其碳排放强度也和欧盟国家和日本基本相同，反映出发达国家在经济发展的效率和技术方面的优势。在新兴经济体中，中国和俄罗斯碳排放强度在近 30 年实现了巨大的下降，印度从 20 世纪 90 年代开始也有小幅下降，特别是中国从超过 6 千克/现价美元的峰值下降到 2017 年的 0.77 千克/现价美元，在 2013 年首次低于印度，在 2015 年首次低于俄罗斯。在后文中将进一步分析中国的碳减排，如图 2-19 所示。

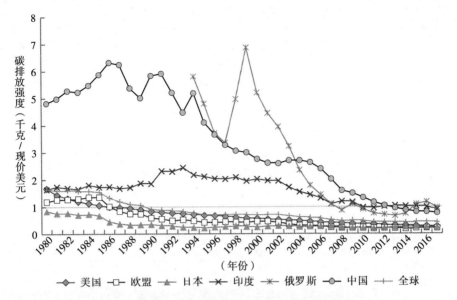

图 2 – 19　全球及世界主要国家和地区碳排放强度

资料来源：碳排放总量数据来自 BP Statistical Review of World Energy 数据库；GDP 总量数据来自国际货币基金组织 World Economic Outlook 数据库；欧盟国家在 1985 年以前不包括爱沙尼亚、拉脱维亚和立陶宛，在 1990 年以前不包括克罗地亚和斯洛文尼亚。

三、 中国相关数据变化趋势分析

（一）国际贸易

1. 对外贸易依存度

改革开放以来，中国的对外贸易飞速发展，进出口总额持续增加，2017年商品贸易进出口总额达到 41071.6 亿美元，服务贸易进出口总额达到 6905.2 亿美元，是世界第一大货物贸易国。中国外贸依存度也从 1980 年的 15%左右快速上升至 2006 年的 70.44%，之后逐渐下降到 2017 年的 39.93%。前期中国外贸依存度的快速升高与国际贸易和产业转移高度相关，也和出口导向型的外贸政策及人民币贬值相关。随着贸易结构从加工贸易向一般贸易转型，经济结构从自由发达经济体转移而来的劳动密集型向更高阶段转型，内需被不断开发，中国的对外贸易依存度下降，如图 2 – 20 所示。

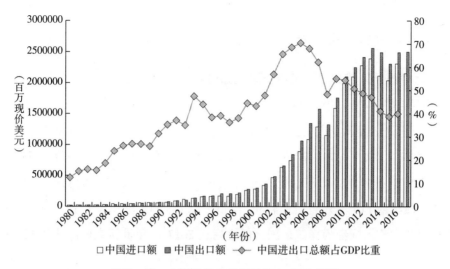

图 2-20　中国进出口总额及其占 GDP 比重

资料来源：贸易额数据来自世界贸易组织数据库，其中服务贸易 1982—2004 年数据根据 BPM5，2005—2017 年数据根据 BPM6；GDP 总量数据来自国际货币基金组织 World Economic Outlook 数据库。

2. 国际贸易结构

从商品贸易向服务贸易转型反映的是外贸结构的升级。中国的服务贸易数据从 1982 年开始统计，从 20 世纪 80 年代初到 90 年代末这一时期中国服务贸易占比有一波提高，2006 年以来又有另一波提高，但从总体上看最高占比为 2016 年的 15% 左右，商品贸易仍然占据主要位置，如图 2-21 所示。

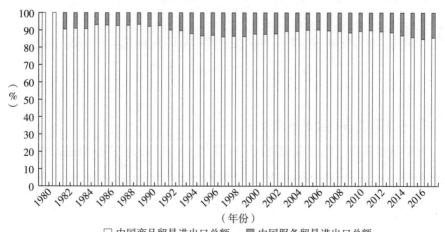

图 2-21　中国商品贸易与服务贸易占外贸额比重

资料来源：贸易额数据来自世界贸易组织数据库，其中服务贸易 1982—2004 年数据根据 BPM5，2005—2017 年数据根据 BPM6。

(二) 跨国直接投资

1. 中国 FDI 流量及占世界 FDI 比重分析

改革开放以来，中国 FDI 流入量和 FDI 流出量都迅速增长。2017 年 FDI 流入量 1363 亿美元，占全世界 FDI 流入量 9.53%，在各个国家和地区中排名世界第二，仅次于美国；2017 年 FDI 流出量 1246 亿美元，占全世界 FDI 流出量 8.72%，排名世界第三，仅次于美国和日本，是世界第三大对外投资国。改革开放早期 FDI 流入量增速较快，2007 年以后 FDI 流出量快速增长，2015 年首次从净流入国变为净流出国，但之后在 2017 年又重新变成净流入国，如图 2 – 22 所示。

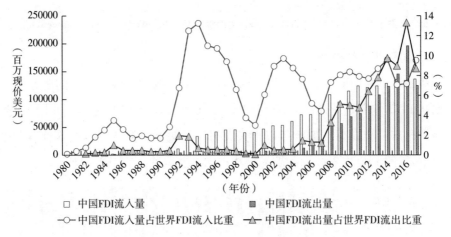

图 2 – 22　中国 FDI 流量变化情况

资料来源：联合国贸易与发展会议数据库，不包括香港、澳门、台湾地区。

2. 中国 FDI 占社会总投资比重

改革开放初期，特别是 20 世纪 90 年代，FDI 流入量占社会总投资的比重迅速上升，从 1990 年的 2% 上升到 1994 年的 14.6%，在 2000 年以前一直维持在 10% 以上。外国投资在这一阶段为中国经济的发展作出了巨大的贡献。但随着中国经济的发展，本国的资本逐渐积累，外资占社会总投资的比重在逐渐降低，2017 年这一比重只有 2.55%，如图 2 – 23 所示。

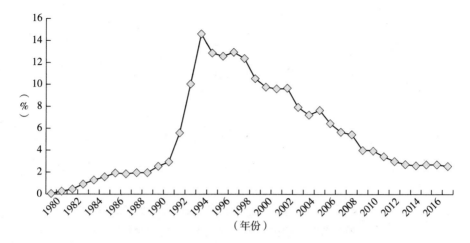

图 2 - 23 中国 FDI 流入量占全社会投资比重

资料来源：FDI 流入量数据来自联合国贸易与发展会议数据库；社会总投资数据根据投资占 GDP 比重计算，数据来自国际货币基金组织 World Economic Outlook 数据库。

（三）碳排放水平

1. 中国碳排放总量占世界碳排放总量的比重

世界主要国家碳排放总量的占比和碳排放总量的分布情况类似。随着新兴经济体经济快速发展，美国和欧盟碳排放占世界碳排放总量的比重从 1980 年的 25% 左右分别下降到 2017 年的 15% 和 10% 左右，日本和俄罗斯占比稳中有降，占比上升的主要是中国和印度。但随着中国的节能减排标准日趋严格，中国为世界碳减排作出的贡献也在加大。从 2000 年的 33.5 亿吨到 2009 年的 76.8 亿吨，中国碳排放在 10 年内增加了 40 多亿吨，相当于整个欧盟在 2009 年的碳排放量。但 2010 年到 2017 年只增加了 10 亿吨左右，特别是 2013 年以来增速基本为零，减少了大量潜在的碳排放，如图 2 - 24 所示。

2. 人均碳排放增长率

从人均碳排放增长率来看，中国尽管在 21 世纪初"领跑"人均碳排放增长，但自 2012 年以来，相比印度、欧盟国家等国人均碳排放增长率较低，增长率和全球平均人均碳排放增长率趋近，2014—2016 年出现了负增长，说明减排工作取得了一定的效果。2017 年，美国、欧盟国家、日本、印度、俄罗

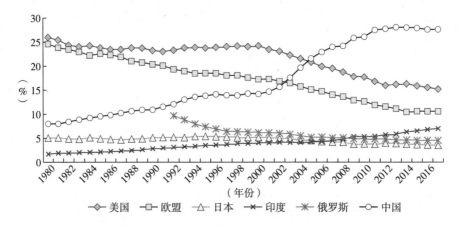

图 2 - 24　世界主要国家碳排放量占世界碳排放总量的比重

资料来源：BP Statistical Review of World Energy 数据库。

斯、中国的人均碳排放增长率分别为 - 1. 52%、0. 97%、- 0. 16%、2. 98%、0. 88%、0. 74%，如图 2 - 25 所示。

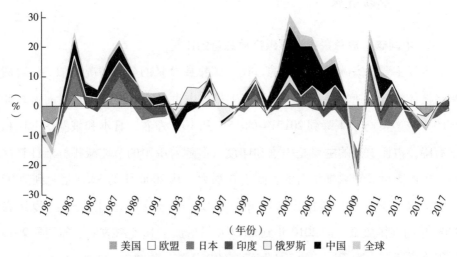

图 2 - 25　世界主要国家人均碳排放增长率

资料来源：碳排放总量数据来自 BP Statistical Review of World Energy 数据库；人口数据来自世界银行 World Development Indicators 数据库。

3. 碳排放强度增长率

在碳排放强度增长率方面，中国处在碳减排的前沿。首先，1980 年以来，除少数年份外，中国的碳排放强度基本上都是负增长，说明中国经济的碳排放效率在提高。其次，中国碳排放强度负增长的幅度高于全球平均水平，并在相当多的年份高于美国、欧盟国家及印度等国，说明中国相比于这些国家为全球的碳排放强度减少作出了更大的贡献。最后，中国相比同样碳排放强度负增长较高的俄罗斯，能够保持经济持续平稳较快增长，因而从长期来看中国碳排放强度负增长有相对更大的空间，也更稳定，如图 2 – 26 所示。

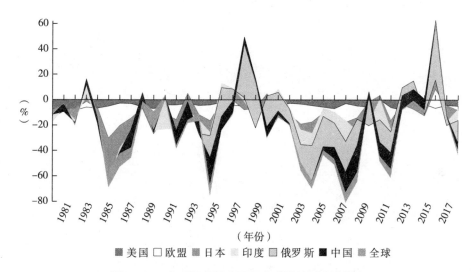

图 2 – 26 全球及世界主要国家碳排放强度增长率

资料来源：碳排放总量数据来自 BP Statistical Review of World Energy 数据库；GDP 总量数据来自国际货币基金组织 World Economic Outlook 数据库。

CHAPTER 3

第三章

总体测算思路与
关键中间数据测算

本章研究系统阐述了中国国际经济循环碳排放水平的总体测算思路。当前国际上关于中国碳排放的权威数据都是基于中国整体的碳排放水平，其他相关公开研究成果通常只计算个别年份的国际贸易和产业转移碳排放水平。本章将从国际贸易和产业转移作为国际经济循环两大途径的区别和联系入手，探讨对中国国际经济循环碳排放水平的测算方法，并测算历年中国 26 部门分行业碳排放强度等关键中间数据。

一、 总体测算思路

（一）碳排放水平的表征数据选择

1. 关键表征数据

在本章测算中，碳排放水平采用两组数据：碳排放总量和碳排放强度（单位 GDP 碳排放量），以碳排放总量数据衡量碳排放规模，以碳排放强度数据衡量碳排放的经济效率。对于碳排放总量和碳排放强度，又分别从两种口径加以测算：直接碳和隐含碳。直接碳是衡量某种产品或服务在生产过程中的直接碳排放水平；根据《联合国气候变化框架公约》定义，隐含碳是"商品从原料的取得、制造加工、运输，到成为消费者手中所购买的产品这段过程中所排放的二氧化碳"，即不仅包括生产环节的直接碳排放，也涵盖了运输等其他环节的间接碳排放。

因此，本章碳排放水平即以四组数据来衡量，分别是：直接碳排放总量和隐含碳排放总量、直接碳排放强度和隐含碳排放强度。此外，研究还引入"脱钩"概念：脱钩原为物理学概念，后被 OECD 引入用来形容经济增长与环境污染之间变化的同步关系（OECD，2002）。研究通过测算脱钩系数，从碳排放角度来衡量中国国际贸易和产业转移的绿色化程度。

2. 关键中间数据

从测算思路来讲，欲计算中国国际经济循环碳排放水平，需首先计算国际贸易和产业转移碳排放水平。其中关键的中间数据是中国分行业碳排放强度，鉴于目前各国际组织和我国相关机构官方公布均为碳排放总量数据，研究基于可获取数据，首先测算 1991—2016 年分行业直接碳排放强度，并依据投入产出表计算分行业隐含碳排放强度。在此基础上，根据中国国际贸易和产业转移经济贡献值，测算可得国际贸易和产业转移的碳排放水平。在此基础上，进一步测算受国际贸易和产业转移影响的中国国际经济循环碳排放水平。

（二）测算技术路线

1. 国际贸易碳排放水平测算

在国际贸易碳排放水平测算中，首先，研究从出口贸易和进口贸易、商品贸易和服务贸易、碳排放总量和碳排放强度、直接碳排放和"隐含碳排放"四个维度全方位考察中国国际贸易的碳排放水平；其次，进一步测算中国国际贸易的净碳排放，从而探讨在我国国际贸易中产生的碳排放责任分担问题；最后，研究测算我国出口贸易碳排放水平相对于出口贸易额的脱钩程度，从而从碳排放角度探讨中国国际贸易绿色化程度，以及国际贸易对我国总体碳排放水平的影响，如图 3 - 1 所示。

对于出口贸易碳排放水平，分行业贸易值和碳排放强度均为实值，属于实值测算；而对于进口贸易碳排放水平，由于无法得到各输出国分行业碳排放强度，研究采用本国替代法和进口来源国筛选法两种方法进行估算，属于虚值测算；之所以用两种方法分别进行虚值测算，主要为求得两种测算口径下的中国国际贸易净碳排放水平，并进行比较。

净碳排放水平涉及国际社会划分碳排放责任的两种价值取向：生产者责任和消费者责任。生产者责任的雏形最早来自 OECD 的"污染者付费原则"，即对环境造成污染的单位和个人，有责任对其污染源和被污染的环境进行治

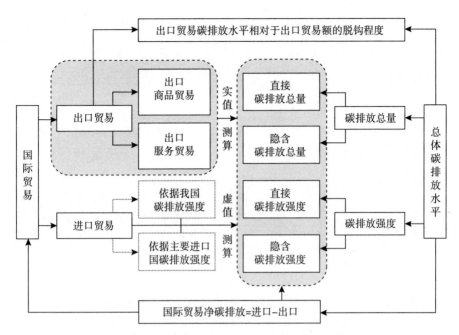

图 3-1　测算国际贸易碳排放水平的技术路线

理，根据这一原则，一个区域"应当承担其地域界限之内所排放 CO_2"的污染责任，当前联合国气候变化框架公约（UNFCCC）和《京都议定书》等均按照生产者原则核算一国碳排放量和碳排放责任。然而随着全球经济一体化的高速发展，消费品生产地和最终消费地分离普遍化，分离程度日趋加深，仍按照生产者责任界定碳排放责任会掩盖国际贸易和国际产业转移下的碳泄露问题，引致发达国家更积极地向发展中国家转移高碳产业。基于此，部分发展中国家和净碳出口国对"生产者责任"的公正性提出质疑，并提出了"消费者责任"的观点。消费者责任遵循"谁消费谁负责"的原则，将国家之间的碳排放按照 SNA（国民经济帐户体系）中最终消费的核算原则分配给消费者所属国家，由此将碳排放责任的争论焦点从商品生产国转移到了商品消费国。

因此，若单从生产者责任讨论，只需要测算出口贸易碳排放水平。但基于消费者责任讨论时，由于最终消费地和消费品生产地的分离，一国既有对国外进口消费品的消费，也有向国外消费品的出口，因此对进出口贸易进行测算并进一步计算中国净碳排放水平,应用本国替代法和进口来源国筛选法两种方法测算两种口径,需要证明基于消费者责任,中国国际贸易碳排放水平是否被高估。

2. 产业转移碳排放水平测算

与国际贸易碳排放水平测算思路相似,在产业转移碳排放水平测算上,研究从依托外商直接投资承接国际产业转移和依托对外直接投资对外产业转移、碳排放总量和碳排放强度、直接碳排放和隐含碳排放、脱钩程度四个维度,系统测算中国参与国际产业转移的碳排放水平演进趋势,并从碳排放角度探讨中国产业转移绿色化程度,以及产业转移对我国总体碳排放水平的影响,如图 3-2 所示。

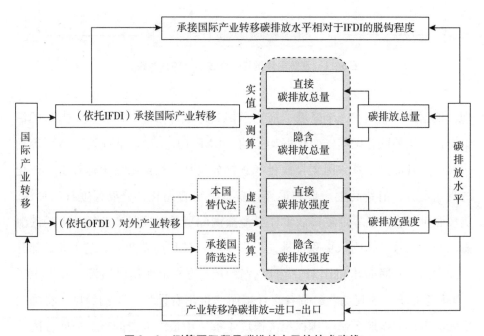

图 3-2 测算国际贸易碳排放水平的技术路线

研究首先测算中国(依托 IFDI)承接国际产业转移的碳排放水平;其次采用本国替代法和承接国筛选法分别计算中国(依托 OFDI)对外产业转移的碳排放水平;再次依此计算两种口径下中国(依托 IFDI)承接国际产业转移的净碳排放水平;最后,研究测算中国承接国际产业转移碳排放水平相对于

IFDI 的脱钩程度。

3. 国际经济循环碳排放水平测算

中国的出口贸易和承接国际产业转移是存在一定关联的，两者存在一定交集：如果把出口贸易按内外资分为内资用于出口和外资用于出口，把承接国际产业转移按内外需分为外资用于出口（外需）和外资用于内需，则出口贸易和承接国际产业转移的交集 C，即为外资用于出口（外需）。求得交集 C 后，可得并集 D，即受出口贸易和国际产业转移影响的中国国际经济循环贡献值，如图 3 – 3 所示。

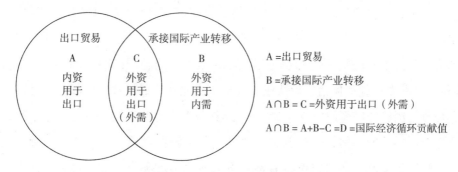

A = 出口贸易

B = 承接国际产业转移

A∩B = C = 外资用于出口（外需）

A∩B = A+B−C = D = 国际经济循环贡献值

图 3 – 3 受国际贸易和产业转移影响的中国国际经济循环

同理，研究已计算得出中国出口贸易和承接国际产业转移的碳排放水平，继续测算两者交集 C 外资用于出口（外需）的碳排放水平，便可以计算两者并集 D 的碳排放水平。且由于进口贸易和对外产业转移碳排放水平均为虚值测算，因此，出口贸易和承接国际产业转移并集 D 的碳排放水平，可近似看作中国国际经济循环碳排放水平，进而与中国总体碳排放水平进行比较分析，可得知中国国际经济循环对于中国碳排放水平的影响及低碳发展的变化趋势。

二、 中国碳排放关键中间数据测算

（一）分行业碳排放量

1. 当前测算方法存在问题

目前虽然有很多研究机构和其他组织公布了我国的碳排放数据，如国际能源署（International Energy Agency，IEA）、世界银行（International Bank for Reconstruction and Development WBG）、英国石油公司（British Petroleum，BP）等，但这些都是总量数据，不能反映我国各个行业排放二氧化碳的情况，无法计算国际贸易和产业转移的碳排放，因此开展翔实的分行业碳排放数据测算变得十分重要。

但目前众多关于碳排放测算的文献中，仅有很少一部分进行了分部门的测算，如杜运苏和张为付、赵玉焕和刘月、马树忠和陈颖、计军平等。然而，这些文献或是没有覆盖国民经济全部行业，或是行业分类不够细致，抑或数据没有更新，不能全面、准确、及时地还原我国 46 个行业、部门的二氧化碳排放情况。例如，涂正革将国民经济分为第一产业（农林牧渔业）、采掘业、制造业、公用业、建筑业、运输业（即交通运输、仓储及邮电通讯业）、商业（包括批发零售业和住宿、餐饮业）及第三产业其他部门共 8 个部门，马树忠和陈颖将国民经济部门归并为 15 个，行业分类均不够细致；在对化石燃料的处理上，盛仲麟和何维达将其分为固体燃料、液体燃料、气体燃料三类，过于粗略；杜运苏等在研究中没有测算电力热力生产和供应业、建筑业，水的生产、燃气生产和供应业的二氧化碳排放情况，但电力热力生产和供应业是排放二氧化碳的主要部门，IEA 公布的 *CO$_2$ Emissions From Fuel Combustion* 2013 显示 2011 年中国电力和热能部门排放的二氧化碳高达 40.1 亿吨，占全国二氧化碳排放量的半壁江山（50.14%）；赵玉焕和刘月仅计算了货物贸易中的隐含碳，没有测算日益活跃的服务贸易；计军平虽然对行业进行了细致分类，但 2011 年至今的数据没有更新。

此外从计算方法上看，考虑到数据获得的便利性，很多学者在测算碳排放时选用联合国政府间气候变化专门委员会（Intergovernmental Panel on Climate Change，IPCC）公布的碳氧化率、燃料含碳量等数据，但 IPCC 公布的燃料含碳量、碳氧化率与我国实际情况存在差异。特别是 IPCC 口径下所有燃料碳氧化率缺省值为 1，隐含燃料都能完全燃烧的假设，容易夸大真实碳排放情况。

2. 数据选择

本研究根据中国国家气候变化对策协调小组办公室（2007 年）、国家发展和改革委员会应对气候变化司（2009 年、2011 年）提供的燃料含碳量和碳氧化率数据，历年《中国能源统计年鉴》公布的能源消费数据，《中国能源统计年鉴—2017》、国家发改委应对气候变化司《关于公布 2009 年中国区域电网基准线排放因子的公告》附件 1 的"燃料参数"1 表公布的各类燃料平均低位发热量数据，计算我国1991—2016 年46 个行业、部门化石燃料燃烧形成的碳排放。

需要指出的是：（1）《中国能源统计年鉴》只公布工业整体"用作原料、材料"的终端能源消费量，并未公布工业细分行业"用作原料、材料"的终端能源消费数据，加之工业"用作原料、材料"的能源消费量占整个终端能源消费的比重很小，因此不计算工业产品生产中所排放的二氧化碳，假定工业所用终端能源全部用于燃烧活动；（2）由于缺少液化天然气的平均低位发热量数据，因此采用 IPCC 2006 的数据代替；（3）《中国能源统计年鉴 2009》对 1996—2008 年能源消费数据作了修订，《中国能源统计年鉴 2014》对 2000—2013 年能源消费数据作了修订，本文中 1996—2008 年能源实物消费量来自《中国能源统计年鉴 2009》，2009—2013 年能源实物消费量来自《中国能源统计年鉴 2014》；（4）"电力、热力的生产和供应业"是国民经济的基础性、支柱性行业之一，是其他行业电能、热能的源头，为全面准确反映"电力、热力的生产和供应业"能源消耗情况，将各行业电力、热力消费产生的二氧化碳都归入"电力、热力的生产和供应业"，不分别计算各行业电力、热力消费所引致的碳排放；（5）2012 年起国民经济行业分类有所调整，为保持口径一致，将新增的"开采辅助活动"并入"其他采矿业"，"金属制品、机械和设备修理业"并入"机械设备修理业、工业品及其他制造业"。

调整后得到各行业分类如表 3 - 1 所示。

表 3 –1　行业分类表

序号	行业	序号	行业
1	农林牧渔、水利业	24	橡胶制品业
2	煤炭开采和洗选业	25	塑料制品业
3	石油和天然气开采业	26	非金属矿物制品业
4	黑色金属矿采选业	27	黑色金属冶炼及压延加工业
5	有色金属矿采选业	28	有色金属冶炼及压延加工业
6	非金属矿采选业	29	金属制品业
7	其他采矿业	30	通用设备制造业
8	农副食品加工业	31	专用设备制造业
9	食品制造业	32	交通运输设备制造业
10	饮料制造业	33	电气机械及器材制造业
11	烟草制品业	34	通信设备、计算机及其他电子设备制造业
12	纺织业	35	仪器仪表及文化、办公用机械制造业
13	纺织服装、鞋、帽制造业	36	机械设备修理业、工业品及其他制造业
14	皮革、毛皮，羽毛（绒）及其制品业	37	废弃资源和废旧材料回收加工业
15	木材加工及木、竹、藤、标、草制品业	38	电力、热力的生产和供应业
16	家具制造业	39	燃气生产和供应业
17	造纸及纸制品业	40	水的生产和供应业
18	印刷业和记录媒介的复制业	41	建筑业
19	文教体育用品制造业	42	交通运输、仓储及邮电通信业
20	石油加工、炼焦及核燃料加工业	43	批发和零售贸易、餐饮业
21	化学原料及化学制品制造业	44	其他服务业
22	医药制造业	45	城镇居民生活消费
23	化学纤维制造业	46	农村居民生活消费

3. 测算方法和测算结果

第 i 部门二氧化碳排放量（记为 $Emission_i$）的计算方法为：

$$Emission_i = \sum_j consumption_{ij} \cdot calorificValue_j \cdot carboncontent_{ij} \cdot rate_{ij}$$

其中，$consumption_{ij}$ 表示第 i 部门消费 j 燃料的实物量，$calorificValue_j$ 是燃料 j 的低位热值，$carboncontent_{ij}$ 指第 i 部门消耗的 j 燃料的含碳量，$rate_{ij}$ 代表第 i 部门消耗 j 燃料的碳氧化率。

得到 1991—2016 年分行业碳排放量分别如表 3 – 2、表 3 – 3 所示。

4. 趋势分析

总体看，我国碳排放行业集中度较高且不断增强。1991 年碳排放占比最高的 5 个行业（电力、热力的生产和供应业，黑色金属冶炼及压延加工业，化学原料及化学制品制造业，非金属矿物制品业，交通运输、仓储及邮电通信业，以下简称碳排放量 TOP5 行业）二氧化碳排放（14.48 亿吨）占当年碳排放总量的 63.26%，1996 年 5 行业碳排放（23.01 亿吨）占比达 74.19%，2016 年这一比重更是提高至 81.70%，如图 3 – 4 所示。

分阶段看，1991—1996 年碳排放量 TOP5 行业占比提升迅速，5 年时间上升近 11 个百分点，尤以 1996 年上升最快（较 1995 年占比上升 5.69 个百分点）。1997—2008 年以上 5 行业碳排放占比缓慢增加，2008 年 5 行业碳排放占比首次达到 80% 以上（80.27%）。但随后的 2009 年，碳排放量 TOP5 行业占比下滑至 78.89%，此后微弱上升。2016 年碳排放 TOP5 行业占比为 81.70%。

分行业看，电力、热力的生产和供应业一直是我国碳排放最多的行业，占全部碳排放比重在 30% ~45% 之间，1991 年电力、热力的生产和供应业的碳排放占比为 30.41%，随着经济的发展、居民用电需求的不断提升，该行业碳排放持续上升，1999 年电力、热力的生产和供应业碳排放占比首次突破 40%（40.37%），此后历年均在 40% 以上，2016 年占比达 45.19%。电力、热力的生产和供应业占比居高不下的原因主要有三个方面，一是该行业是其他各行业进行生产的基础；二是火力发电仍是我国主要的供电途径；三是碳

表 3-2 1991—2003 年中国分行业碳排放量

（单位：百万吨）

行业＼年份	1991	1992	1993	1994	1995	1996	1997	1998	1999	2000	2001	2002	2003
农林牧渔、水利业	71.06	65.34	64.64	67.89	73.09	41.81	42.59	43.01	41.04	42.49	43.32	46.72	53.37
煤炭开采和洗选业	33.86	34.60	34.45	39.83	41.53	41.99	41.70	49.30	45.50	44.29	44.31	44.18	51.66
石油和天然气开采业	19.87	21.68	28.77	32.44	31.26	24.26	37.26	33.32	37.19	42.14	44.38	46.06	47.73
黑色金属矿采选业	2.45	2.47	2.99	3.02	2.81	3.88	3.50	3.55	2.68	2.97	3.05	3.58	4.19
有色金属矿采选业	3.38	3.36	3.71	4.00	4.18	4.15	3.25	2.89	2.38	2.69	2.68	2.95	3.01
非金属矿采选业	6.73	7.34	6.04	6.43	7.18	7.19	6.87	6.72	6.76	7.22	7.47	7.62	9.01
其他采矿业	3.30	3.43	3.40	4.28	4.06	3.83	3.69	3.76	2.58	2.72	2.57	2.43	2.40
农副食品加工业	54.80	56.61	21.32	22.08	24.84	22.77	25.58	25.74	22.37	21.55	21.68	22.22	20.74
食品制造业	0.00	0.00	20.47	18.67	19.45	17.18	14.89	15.25	15.59	13.96	14.17	13.92	12.54
饮料制造业	0.00	0.00	14.98	16.35	17.12	14.66	12.16	14.81	14.18	12.57	12.27	12.52	12.42
烟草制品业	0.00	0.00	2.79	2.88	3.49	3.73	3.93	3.70	4.97	3.81	4.04	4.15	3.98
纺织业	40.54	42.44	38.36	41.27	44.63	35.96	33.62	33.06	33.21	30.23	30.42	31.33	32.82
纺织服装、鞋、帽制造业	2.00	2.05	2.08	2.40	2.60	2.92	2.84	3.57	3.92	3.47	3.60	3.77	3.94
皮革、毛皮、羽毛（绒）及其制品业	2.38	2.71	2.87	2.82	2.67	1.97	1.83	2.48	2.64	2.19	2.18	2.21	2.32
木材加工及木竹藤标草制品业	4.50	4.97	5.08	5.27	6.22	5.08	5.05	5.50	5.31	4.63	4.86	4.95	5.87
家具制造业	1.03	1.16	1.13	1.25	1.21	1.15	1.03	1.10	1.34	1.09	1.19	1.21	1.34
造纸及纸制品业	24.19	25.83	28.35	28.08	30.80	27.58	26.36	26.99	26.22	26.89	26.79	29.10	28.31
印刷业和记录媒介的复制业	1.44	1.49	1.81	1.70	1.75	1.59	1.41	1.69	1.85	1.75	1.83	1.90	1.98

续表

行业＼年份	1991	1992	1993	1994	1995	1996	1997	1998	1999	2000	2001	2002	2003
文教体育用品制造业	0.86	0.80	0.97	0.72	0.75	0.95	0.63	1.52	0.96	0.93	0.98	1.02	1.05
石油加工、炼焦及核燃料加工业	26.71	29.27	32.68	27.62	72.15	38.07	97.69	110.36	105.69	113.21	113.62	121.01	141.22
化学原料及化学制品制造业	226.04	232.28	230.70	263.35	255.77	308.09	229.90	223.64	191.05	199.80	200.12	216.71	247.92
医药制造业	10.36	11.03	11.94	12.83	15.98	11.50	9.94	10.85	12.00	10.27	10.44	10.83	10.99
化学纤维制造业	9.25	8.89	9.33	10.84	14.41	9.62	16.32	18.62	18.56	19.59	18.68	20.36	11.28
橡胶制品业	8.66	8.95	8.16	8.61	9.51	7.98	6.89	7.99	6.46	6.46	6.76	6.91	7.08
塑料制品业	4.42	4.84	4.59	5.24	5.72	5.71	5.75	5.63	5.67	5.15	5.13	4.68	5.13
非金属矿物制品业	212.93	222.11	230.16	251.21	274.64	258.07	264.24	270.98	276.68	276.87	260.02	229.33	271.43
黑色金属冶炼及压延加工业	225.16	242.95	277.81	299.57	348.32	346.74	339.83	365.32	351.42	352.48	377.76	384.79	494.45
有色金属冶炼及压延加工业	20.65	23.24	23.75	22.95	25.69	26.06	25.79	29.13	29.37	27.34	26.81	30.01	34.27
金属制品业	11.39	11.73	11.62	11.97	13.22	12.90	11.28	12.65	12.44	11.00	11.85	12.48	11.24
通用设备制造业	22.80	25.04	23.13	24.82	24.97	26.02	21.97	20.20	18.25	15.06	15.78	16.37	16.98
专用设备制造业	14.57	15.29	14.21	15.64	15.23	12.99	12.31	11.93	12.01	10.35	10.09	9.64	11.21
交通运输设备制造业	15.05	15.84	15.34	13.65	15.49	14.27	14.12	14.45	16.47	14.01	14.52	15.78	13.71
电气机械及器材制造业	7.00	7.37	7.08	7.94	7.88	7.37	7.05	6.78	6.97	6.03	5.70	5.99	6.08
通信设备、计算机及其他电子设备制造业	0.00	0.00	0.00	0.00	0.00	3.24	4.00	3.59	4.19	4.04	4.34	5.24	5.22
仪器仪表及文化办公用机械制造业	1.58	1.66	1.59	1.31	1.59	1.31	1.14	1.29	1.51	1.21	1.21	1.27	1.70

续表

行业 / 年份	1991	1992	1993	1994	1995	1996	1997	1998	1999	2000	2001	2002	2003
机械设备修理业、工业品及其他制造业	24.50	22.05	36.57	24.22	17.96	11.23	11.38	12.17	11.66	10.46	9.80	9.52	8.71
废弃资源和废旧材料回收加工业	0.00	0.00	0.00	0.00	0.00	0.00	0.00	0.00	0.00	0.00	0.00	0.00	0.07
电力、热力的生产和供应业	696.22	773.10	881.78	947.27	1037.33	1205.01	1188.07	1195.51	1277.49	1353.95	1429.92	1601.20	1905.18
燃气生产和供应业	0.91	1.98	3.84	2.56	2.46	5.63	5.22	4.20	6.99	6.36	6.67	5.96	6.67
水的生产和供应业	0.36	0.44	0.53	0.52	0.71	0.54	0.50	0.67	0.96	0.77	0.72	0.68	0.68
建筑业	20.58	22.34	17.17	16.40	15.31	31.14	32.14	33.54	34.35	35.34	37.78	41.33	45.84
交通运输、仓储及邮电通信业	88.07	92.07	96.82	95.92	105.98	183.09	186.35	187.39	195.51	206.56	211.92	225.77	255.12
批发和零售贸易、餐饮业	19.63	20.92	28.73	24.83	27.18	33.26	33.35	33.39	31.87	31.06	30.47	31.15	33.02
其他服务业	64.05	68.89	85.64	84.55	76.34	67.53	67.26	65.80	67.58	69.70	70.98	72.56	77.91
城镇居民生活消费	155.23	135.37	130.81	119.86	121.08	104.09	100.62	92.43	98.23	96.43	98.95	102.20	111.86
农村居民生活消费	131.02	127.40	126.78	126.60	127.46	107.31	104.92	103.84	100.71	98.48	97.81	99.88	109.02

注：（1）为保持口径一致，将1991—1995年的"木材及竹材采运业"并入"其他采矿业"；（2）1991年、1992年只有"机械、电气、电力设备制造业"，没有更细的分行业数据，将其按照1993年各细分行业占比拆解为"普通机械制造业""专用设备制造业""交通运输设备制造业""电气机械及器材制造业""电子及通信设备制造业""仪器仪表、文化办公用机械制造业"；（3）1991年、1992年只有"食品、饮料和烟草制造业"，无细分行业数据，故表中1991年、1992年"食品、饮料和烟草制造业"碳排放量实际为"农副食品加工业""食品制造业""饮料制造业""烟草制造业"4行业碳排放之和。

表 3-3　2004—2016 年中国分行业碳排放量

（单位：百万吨二氧化碳）

年份 / 行业	2004	2005	2006	2007	2008	2009	2010	2011	2012	2013	2014	2015	2016
农林牧渔、水利业	64.70	72.74	75.09	71.11	66.86	77.76	81.34	85.25	88.62	95.53	98.89	100.63	103.40
煤炭开采和洗选业	85.27	87.10	90.23	103.65	106.23	103.15	107.60	112.85	116.03	123.10	94.77	72.24	48.92
石油和天然气开采业	38.91	38.63	42.40	44.62	55.60	46.23	48.70	44.87	43.88	47.39	48.51	47.10	40.94
黑色金属矿采选业	4.84	5.59	6.03	6.50	7.49	10.84	20.28	15.82	14.50	16.28	15.66	13.00	10.31
有色金属矿采选业	2.83	2.81	2.91	2.96	2.70	4.50	4.88	5.54	5.35	5.08	4.85	4.26	3.39
非金属矿采选业	8.70	10.11	10.46	11.17	10.13	14.15	14.14	12.33	12.53	12.84	12.24	10.95	9.25
其他采矿业	0.08	0.07	0.07	0.07	0.08	0.05	0.09	0.01	10.78	8.58	9.22	7.26	5.86
农副食品加工业	23.57	23.22	23.93	25.69	26.82	53.41	54.50	53.43	51.45	50.18	42.89	44.22	42.84
食品制造业	13.60	15.04	15.54	16.16	16.48	26.28	26.17	25.75	26.39	26.17	22.44	21.97	23.44
饮料制造业	14.21	14.24	14.82	14.52	14.45	27.37	27.01	27.19	25.50	26.15	23.47	21.13	19.37
烟草制品业	2.97	2.56	2.64	2.39	1.93	1.64	1.70	2.24	1.63	1.55	1.32	1.14	0.72
纺织业	38.44	37.20	38.67	40.74	36.73	48.17	48.16	45.96	39.23	38.07	30.10	29.01	26.59
纺织服装、鞋、帽制造业	4.69	5.19	5.40	5.59	5.58	7.44	7.59	6.72	6.72	6.01	5.61	5.03	4.55
皮革、毛皮、羽毛（绒）及其制品业	2.78	2.66	2.78	2.75	2.61	4.67	4.13	3.57	4.01	3.65	3.20	3.07	2.77
木材加工及木竹藤棕草制品业	7.77	7.85	8.17	8.08	8.06	12.66	12.17	11.90	11.41	10.75	11.47	9.00	6.00
家具制造业	0.89	0.97	1.01	1.02	1.29	2.15	2.28	1.95	1.83	1.75	1.59	1.77	1.34
造纸及纸制品业	36.91	36.59	37.93	37.23	40.94	53.92	53.94	53.17	46.61	42.29	33.71	30.20	27.74
印刷业和记录媒介的复制业	1.33	1.33	1.39	1.38	1.71	2.18	2.24	1.75	1.72	1.96	2.31	2.33	2.41

续表

行业 \ 年份	2004	2005	2006	2007	2008	2009	2010	2011	2012	2013	2014	2015	2016
文教体育用品制造业	1.13	1.04	1.08	1.13	1.30	1.66	1.69	1.15	2.79	2.94	3.38	3.19	3.19
石油加工、炼焦及核燃料加工业	176.09	177.48	180.33	192.66	192.67	255.71	233.37	249.63	253.38	254.75	263.62	275.35	258.82
化学原料及化学制品制造业	279.80	303.01	337.36	367.20	378.06	477.36	550.88	608.48	613.63	641.37	670.61	711.03	652.89
医药制造业	10.48	10.46	10.86	10.81	11.67	19.23	20.80	21.95	22.51	22.56	22.20	21.87	20.57
化学纤维制造业	6.96	7.63	8.12	8.65	7.47	10.96	11.14	11.16	11.50	11.77	10.61	10.91	11.19
橡胶制品业	8.11	7.95	8.28	8.15	8.49	11.29	11.74	10.24	19.01	18.47	16.89	16.19	14.05
塑料制品业	7.48	7.33	7.57	7.39	8.38	11.82	12.31	10.76	0.00	0.00	0.00	0.00	0.00
非金属矿物制品业	366.95	373.93	389.73	395.13	430.28	561.82	609.36	674.49	650.95	660.29	663.47	621.96	534.79
黑色金属冶炼及压延加工业	602.90	806.89	882.08	934.55	976.80	1261.50	1342.02	1450.88	1533.73	1594.58	1628.31	1520.97	1507.99
有色金属冶炼及压延加工业	39.60	43.85	47.48	50.26	53.88	76.28	76.57	79.47	77.16	78.96	79.53	77.05	71.52
金属制品业	10.84	10.90	11.48	11.89	13.04	17.23	16.20	14.19	18.70	19.99	16.94	16.34	15.64
通用设备制造业	17.99	23.18	25.55	27.48	26.46	43.08	43.94	57.89	36.85	32.16	31.12	30.00	29.50
专用设备制造业	13.08	12.99	13.65	14.68	14.85	15.14	18.09	15.58	12.24	12.80	12.87	11.11	9.55
交通运输设备制造业	17.79	19.02	20.13	20.63	22.86	23.70	25.16	25.33	26.46	26.37	23.54	20.88	18.41
电气机械及器材制造业	6.66	6.67	7.03	7.18	8.39	12.32	13.07	11.39	10.34	10.44	8.31	7.40	6.56
通信设备、计算机及其他电子设备制造业	5.67	5.85	6.09	6.26	7.87	7.30	7.49	5.24	4.75	4.57	4.51	4.60	5.14
仪器仪表及文化、办公用机械制造业	0.98	0.92	0.96	1.01	1.24	1.56	1.68	1.26	1.22	1.25	1.05	0.94	0.86

续表

行业　年份	2004	2005	2006	2007	2008	2009	2010	2011	2012	2013	2014	2015	2016
机械设备修理业、工业品及其他制造业	7.01	6.41	6.61	6.51	7.10	3.28	3.12	3.01	3.61	2.99	2.60	2.77	2.37
废弃资源和废旧材料回收加工业	0.28	0.25	0.25	0.26	0.40	1.11	1.93	1.88	1.79	2.06	2.30	2.18	2.20
电力、热力的生产和供应业	2119.98	2377.85	2685.31	2912.04	2981.57	3160.25	3429.04	3900.27	4140.99	4348.57	4144.88	4087.04	4206.58
燃气生产和供应业	6.68	6.48	6.72	6.67	6.07	2.77	2.45	1.89	1.90	2.44	1.82	2.39	2.57
水的生产和供应业	0.82	0.80	0.84	0.84	0.83	0.62	0.78	0.60	0.72	0.57	0.29	0.47	0.45
建筑业	52.82	56.76	62.09	66.80	56.85	73.24	87.95	92.10	97.26	108.02	116.46	121.69	126.52
交通运输、仓储及邮电通信业	241.07	274.66	303.40	335.50	330.01	443.70	490.41	533.80	628.57	623.85	651.49	685.88	702.47
批发和零售贸易、餐饮业	37.91	43.08	46.00	48.45	42.68	72.23	73.91	82.85	88.76	93.84	92.20	96.27	95.19
其他服务业	63.56	64.54	67.26	73.61	72.64	133.54	153.76	155.58	167.78	180.92	174.36	192.99	187.75
城镇居民生活消费	127.41	129.21	141.78	156.34	150.04	151.47	314.64	178.57	185.86	197.93	213.82	233.85	246.17
农村居民生活消费	123.92	130.88	132.32	135.19	131.99	137.57	165.53	154.43	161.82	170.31	174.82	185.05	194.89

注：（1）2012 年起"塑料制品业"和"橡胶制品业"合并为"橡胶和塑料制品业"，表格中为 2012 年起行业"24"排放量实为"橡胶和塑料制品业"排放量，故 2012—2016 年行业"25"排放量为 0；（2）为保持口径一致，将 2010—2016 年能源统计年鉴中的"高炉煤气""转炉煤气""其他煤气"进行加总，得到新的"其他煤气"科目，对同期的"石脑油""润滑油""石蜡""溶剂油""石油沥青""石油焦""其他石油制品"加总，得到新的"其他石油制品"科目；（3）能源统计年鉴 2010 年开始燃料分类中有"煤矸石"科目，煤矸石是采煤过程中排放的固体废弃物，考虑其含碳量较低加之氧化率等燃烧数据匮乏，不做计算。

含量比重较高的煤炭依旧是火力发电最重要的原料。黑色金属冶炼及延压加工业紧随其后，作为碳排放次高的行业，占全部碳排放的比重从 1991 年的 9.83% 上升至 2016 年的 16.20%，其他 3 个行业每年排名会有所波动，每年这 3 个行业合计占比在 20% 左右。

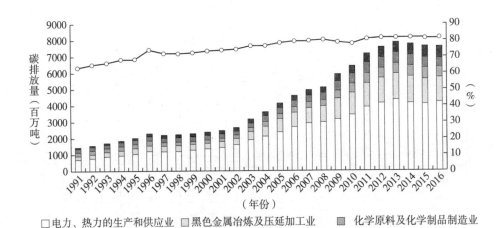

图 3 - 4 碳排放量 TOP5 行业排放量及其占比

资料来源：作者计算得到。

（二）26 部门分行业碳排放强度

1. 投入产出法测算概述

碳排放强度有直接碳排放强度、隐含碳排放强度两种口径，其中隐含碳排放强度的测算需要用到投入产出法。"隐含碳"（Embodied Carbon）概念最早可以追溯到 1974 年国际高级机构联合会（IFIAS）能源分析工作组的一次会议，这次会议提出了"隐含能"（Embodied Energy）的概念，"隐含能"用以衡量某种产品或服务生产过程中直接和间接消耗的某种资源的总量。此后"隐含"（Embodied）的概念逐渐被各领域广泛接受，"隐含碳"是其主要应用之一。《联合国气候变化框架公约》将"隐含碳"定义为"商品从原料的取得、制造加工、运输，到成为消费者所购买的产品这段过程中所排放的二氧化碳"。隐含碳的计算主要采用投入产出法。

投入产出法由 Leontief 于 1953 年提出，是反映一定时期内经济系统各部门投入和产出相互依存关系的数量分析方法，主要表现形式为投入产出表，核心为直接消耗系数和完全消耗系数。直接消耗系数（a_{ij}）反映部门之间直接的经济技术联系，指 j 部门生产单位产品直接消耗 i 部门产品的数量。经济系统各行业间除了直接联系还有间接联系，因此各部门间还存在间接消耗，直接消耗和间接消耗之和为完全消耗，完全消耗系数指 j 部门生产单位产品时直接和间接消耗之和。

目前应用投入产出表测算对外贸易中隐含碳排放的文献虽多，但仍有两方面不足。其一，少有考虑进口中间投入品对出口中隐含碳排放的影响，而中国作为"世界工厂"，通过进口中间投入品减少了本国的碳排放，不考虑中间产品测算结果难免有失偏颇；其二，仅使用每 5 年公布一次的投入产出基本表，忽略了投入产出延长表，导致样本时间跨度较大，不能及时反映投入产出的变化。事实上，根据《关于进行全国投入产出调查的通知》（国办发〔1987〕18 号）的规定，每 5 年（逢 2、逢 7 年份）进行一次全国投入产出调查，编制投入产出基本表；逢 0、逢 5 年份编制全国投入产出延长表。延长表编制时考虑了基准年份以来生产技术、产品结构、价格的变化，并对相应系数进行修正，因此若将投入产出表延长表也考虑在内，无疑将大大缩短样本时间跨度，能更及时、准确地反映部门间生产技术的联系以及变化情况。基于此，本文将投入产出表基本表、延长表共同纳入计算范围。

由于投入产出表行业分类和能源统计年鉴行业分类有所差别，且不同年份投入产出表、能源统计年鉴的行业分类也在动态调整，因此首先统一行业口径，本课题以尽量保持较为细致的行业分类为目标，经过比较和甄别后最终统一为 26 个行业。26 部门投入产出表、33 部门投入产出表[①]、42 部门投入产出表行业分类对应关系如表 3 - 4 所示。

---

① 1992 年、1995 年公布的是 33 部门投入产出表。

表 3 – 4　26 部门、33 部门、42 部门投入产出表行业分类的对应关系

42 部门行业分类	26 部门行业分类	33 部门行业分类
农林牧渔产品和服务	农林牧渔业	农业
煤炭采选产品	煤炭采选业、非金属矿采选业、其他矿采选业	煤炭采选业
非金属矿和其他矿采选产品		非金属矿采选业
石油和天然气开采产品	石油和天然气开采产业和石油、炼焦产品和核燃料加工业	石油和天然气开采业
石油、炼焦产品和核燃料加工品		石油加工业
金属矿采选产品	金属矿采选业	金属矿采选业
食品和烟草	食品制造及烟草加工业	食品制造业
纺织品	纺织业	纺织业
纺织服装鞋帽皮革羽绒及其制品业	服装皮革羽绒及其他纤维制品制造业	缝纫及皮革制品业
木材加工品和家具	木材加工及家具制造业	木材加工及家具制造业
造纸印刷和文教体育用品	造纸印刷及文教用品制造业	造纸及文教用品制造业
化学产品	化学工业	化学工业
非金属矿物制品	非金属矿物制品业	建筑材料及其他非金属矿物制品业
金属冶炼和压延加工品	金属冶炼及压延加工业	金属冶炼及压延加工业
金属制品	金属制品业	金属制品业
通用设备	机械工业（通用、专用设备制造业）	机械工业
专用设备		
交通运输设备	交通运输设备制造业	交通运输设备制造业
电气机械和器材	电气机械及器材制造业	电气机械及器材制造业
通信设备、计算机和其他电子设备	电子及通信设备、仪器仪表及文化办公用品制造业	电子及通信设备制造业
仪器仪表		仪器仪表及其他计量器具制造业

续表

42 部门行业分类	26 部门行业分类	33 部门行业分类
其他制造产品	机械设备修理业和其他制造业	机械设备修理业
金属制品、机械和设备修理服务		其他工业
废品废料	废品及废料回收加工业	无
电力、热力的生产和供应	电力、热力的生产和供应业	电力及蒸汽、热水生产和供应业
燃气生产和供应	燃气的生产和供应业	炼焦、煤气及煤制品业
水的生产和供应	自来水的生产和供应业	公用事业及居民服务业
建筑	建筑业	建筑业
交通运输、仓储和邮政	货物运输及仓储业、邮政业	货运邮电业
批发和零售	批发和零售贸易、餐饮业	商业
住宿和餐饮		饮食业
信息传输、软件和信息技术服务	其他行业	旅客运输业
金融		文教卫生科研事业
房地产		金融保险业
租赁和商务服务		行政机关
科学研究和技术服务		
水利、环境和公共设施管理		
居民服务、修理和其他服务		
教育		
卫生和社会工作业		
文化、体育和娱乐业		
公共管理、社会		

26 部门投入产出表和 46 部门能源统计年鉴行业之间对应关系如表 3 - 5 所示。

表 3-5 26 部门投入产出表与 46 部门能源统计年鉴行业分类的对应关系

26 部门投入产出表行业分类	能源统计年鉴行业分类
农林牧渔业	农林牧渔、水利业
煤炭采选业、非金属矿和其他矿采选业	煤炭开采和洗选业
	非金属矿采选业
	其他采矿业
石油和天然气开采业、石油和炼焦产品、核燃料加工业	石油和天然气开采业
	石油加工、炼焦及核燃料加工业
金属矿采选业	黑色金属矿采选业
	有色金属矿采选业
食品和烟草制造加工业	农副食品加工业
	食品制造业
	饮料制造业
	烟草制品业
纺织业	纺织业
纺织服装、鞋帽、皮革、羽绒及其制品业	纺织服装、鞋、帽制造业
	皮革、毛皮，羽毛（绒）及其制品业
木材加工业和家具制造业	木材加工及木、竹、藤、标、草制品业
	家具制造业
造纸印刷和文教体育用品制造业	造纸及纸制品业
	印刷业和记录媒介的复制业
	文教体育用品制造业
化学产品制造业	化学原料及化学制品制造业
	医药制造业
	化学纤维制造业
	橡胶制品业
	塑料制品业
非金属矿物制品制造业	非金属矿物制品业
金属冶炼和压延加工业	黑色金属冶炼及压延加工业
	有色金属冶炼及压延加工业

续表

26 部门投入产出表行业分类	能源统计年鉴行业分类
金属制品业	金属制品业
通用、专用设备制造业	通用设备制造业
	专用设备制造业
交通运输设备	交通运输设备制造业
电气机械和器材	电气机械及器材制造业
通信设备、计算机和其他电子设备和仪器仪表制造业	通信设备、计算机及其他电子设备制造业
	仪器仪表及文化、办公用机械制造业
设备修理业和其他制造业	机械设备修理业、工业品及其他制造业
废品废料回收加工业	废弃资源和废旧材料回收加工业
电力、热力的生产和供应业	电力、热力的生产和供应业
燃气生产和供应	燃气生产和供应业
水的生产和供应	水的生产和供应业
建筑	建筑业
交通运输、仓储和邮政业	交通运输、仓储及邮电通信业
批发和零售贸易、餐饮业	批发和零售贸易、餐饮业
其他行业	其他服务业

注：表中 42 部门投入产出表采用 2012 年以来最新的国民经济行业分类标准。

行业分类确定完毕后对 33 部门、42 部门投入产出表进行调整，得到 26 部门投入产出表。投入产出表大体上分为 3 个区域，其中第 I 象限中间投入构成是投入产出表的核心，从代数角度分析，若不计"中间使用小计"这一列，第 I 象限可视为 $n \times n$ 的方阵，因此根据矩阵的运算法则将 42×42 的方阵合并为 26×26 的方阵。同理，第 II 象限、第 III 象限可认为是 $(n+1) \times 13$、$5 \times (n+1)$ 的矩阵，分别进行行变换、列变换，最终得到 27×13、5×27 的矩阵。对"中间投入小计"以及"总投入"两行也进行类似处理，如表 3 - 6 所示。

表3-6 投入产出表样表

投入 \ 产出		中间使用		中间使用小计	最终使用									最终使用合计	进口	其他	总产出
					最终消费				资本形成总额								
					居民消费		政府消费	合计	固定资本形成总额	存货增加	合计	出口					
		行业1	…… 行业n		农村居民消费	城镇居民消费	小计											
中间投入	行业1	第Ⅰ象限			第Ⅱ象限												
	……																
	行业n																
	中间投入小计																
增加值	劳动者报酬	第Ⅲ象限															
	生产税净额																
	固定资产折旧																
	营业盈余																
	增加值合计																
总投入																	

由于投入产出表是平衡表,在编制完成后对其进行验证,确保结果可靠。以2005年26部门的投入产出表为例,该表应满足以下条件:(1)中间投入小计 $= \sum_{i=1}^{26} i$ 行业的中间投入;(2)中间使用小计 $= \sum_{i=1}^{26} i$ 行业的中间使用;(3)增加值合计=劳动者报酬+生产税净额+固定资产折旧+行业盈余;(4)总投入=中间投入小计+增加值;(5)最终使用=最终消费+资本形成总额+出口;(6)总产出=中间使用+最终使用-进口+其他;(7)总投入=总产出。2005年26部门投入产出表验证结果显示上述

条件均满足，因此该表合理可靠。接下来逐一对其他年份投入产出表也进行了类似的验证。

2. 分行业碳排放强度测算方法和数据来源

根据投入产出法，可得 i 行业直接碳排放强度 w_i 的计算公式：

$$w_i = CO_{2i}/X_i$$

其中 CO_{2i} 为 i 行业的直接二氧化碳排放量，X_i 是 i 行业的总产出。

依据投入产出法也能计算 i 行业的隐含碳排放强度 $\widehat{w_i}$，早先部分学者计算隐含碳排放强度的公式如下：

$$\widehat{w_i} = w_i \left[(I - A)^{-1} - I \right]$$

其中 I 为单位阵，A 是直接消耗系数方阵，w_i 为直接碳排放强度。

$\widehat{w_i}$ 的计算过程隐含所有中间投入品都由本国自己生产的假定，但考虑到我国承担了大量加工贸易，其中相当一部分中间投入品并不是本国生产的，因此部分学者（张为付和杜云苏、赵玉焕和刘月等）对隐含碳排放强度计算公式进行修正，令修正后结果为 $\widetilde{w_i}$，则有：

$$\widetilde{w_i} = w_i \left[(I - rA)^{-1} - I \right]$$

其中 r 为国内生产占比的对角阵，对角线上元素 $r_j = 1 - M_j/(X_j + M_j - E_j)$，$X_j$、$M_j$、$E_j$ 分别表示 j 部门总产出、进口额、出口额。

本书认为这一思路合理，但具体计算时却有不妥之处：根据总产出的核算方法，总产出 = 中间使用 + 最终消费 + 资本形成总额 + 出口 − 进口 + 其他，因此 r_j 的分母"总产出 + 进口 − 出口"等于"中间使用 + 最终消费 + 资本形成总额 + 其他"，换句话说，在核算国内生产占总生产（国内生产 + 进口）的比重时，少算了国内生产的、用于出口的部分。本文对这一错误进行纠正，修订后 r_j 满足公式：

$$r_j = 1 - M_j/(X_j + M_j)$$

因此本文中隐含碳排放强度的计算公式为：

$$\widehat{w_i} = w_i \left[(I - rA)^{-1} - I \right]$$

其中

$$r_j = 1 - M_j/(X_j + M_j)$$

公式中 X_j、M_j 分别表示 j 部门总产出、进口额，I 为单位阵，A 是直接消耗系数方阵，w_i 为直接碳排放强度。

数据来源：分行业总产出、进口额、出口额数据来源于历年投入产出表，分行业碳排放量由本文测算得到。测算直接碳排放强度、隐含碳排放强度的相关数据来源于投入产出表，此外还用到了本研究分行业碳排放量测算结果。

3. 直接碳排放强度测算结果与分析

直接碳排放强度测算结果如表 3-7 所示。

测算结果显示，我国各行业直接碳排放强度在 1992—2015 年都有下降，制造业碳排放强度下降最明显。若以 1992 年直接碳排放强度与 2015 年直接碳排放强度的比值作为衡量标准，下降最快的三个行业分别是机械设备修理业、工艺品和其他制造业（39.19 倍）、电气机械及器材制造业（36.67 倍）、交通运输设备制造业（36.1 倍），三行业都属于制造业范畴。相比之下第三产业碳排放强度下降较少，其中自来水的生产和供应业直接碳排放强度降幅最小（1.02 倍）。

以 2015 年直接碳排放强度为例进一步分析。各行业直接碳排放强度差异较大，电力、热力的生产及供应业直接碳排放强度远高于其他行业，达到了 4.31 千克/现价美元，其次为金属冶炼及压延加工业（0.89 千克/现价美元）、货物运输及仓储业、邮政业（0.52 千克/现价美元），其他行业直接碳排放强度普遍较低，如图 3-5 所示。

4. 隐含碳排放强度测算结果与分析

隐含碳排放强度测算结果如表 3-8 所示。

我国调整后的隐含碳排放强度在 1992—2015 年均有下降，但若同样以 1992 年强度与 2015 年强度的比值作为衡量标准，可看出各行业隐含碳排放强度①下降倍数的差异较直接碳排放强度有了明显收窄。批发和零售贸易、餐饮

---

① 下文中所指隐含碳排放强度均为调整后的隐含碳排放强度，概不赘述。

表 3 - 7　26 部门直接碳排放强度

(单位: 千克/现价美元)

行业＼年份	1992	1995	1997	2002	2005	2007	2010	2012	2015
农林牧渔业	0.3966	0.3001	0.1431	0.1353	0.1511	0.1106	0.0794	0.0626	0.0585
煤炭、非金属矿和其他矿采选业	1.8330	1.3729	1.0827	0.8014	0.8336	0.6476	0.3228	0.2930	0.1715
石油、天然气开采业，石油和炼焦产品、核燃料加工业	1.9512	2.2999	2.3654	1.4793	0.9763	0.5897	0.4566	0.3589	0.4283
金属矿采选业	1.3956	0.7855	0.4683	0.3720	0.2128	0.1169	0.1493	0.1004	0.0776
食品制造及烟草加工业	0.7683	0.5057	0.3400	0.3019	0.1721	0.1070	0.1098	0.0753	0.0481
纺织业	0.6160	0.4674	0.3004	0.2879	0.1927	0.1230	0.1000	0.0677	0.0414
服装皮革羽绒及其他纤维制品制造业	0.1735	0.0774	0.0636	0.0747	0.0526	0.0351	0.0329	0.0228	0.0127
木材加工及家具制造业	0.6943	0.3923	0.2250	0.1290	0.1208	0.0630	0.0650	0.0446	0.0260
造纸印刷及文教用品制造业	0.8791	0.6398	0.5328	0.3759	0.2941	0.2025	0.1884	0.1099	0.0568
化学工业	3.0204	2.0825	1.4647	0.9956	0.6832	0.4935	0.4406	0.3477	0.3030
非金属矿物制品业	4.8307	3.6867	2.4871	3.2701	1.9252	1.3180	1.0298	0.8816	0.6024
金属冶炼及压延加工业	4.6250	3.8990	3.8983	2.2341	2.2177	1.2262	1.1701	0.9234	0.8856
金属制品业	0.4532	0.3160	0.1877	0.1722	0.0847	0.0511	0.0448	0.0366	0.0238
机械工业	0.5871	0.4373	0.3454	0.1656	0.1184	0.0812	0.0634	0.0422	0.0297
交通运输设备制造业	0.5668	0.3194	0.2202	0.1354	0.0882	0.0476	0.0290	0.0258	0.0157

续表

行业＼年份	1992	1995	1997	2002	2005	2007	2010	2012	2015
电气机械及器材制造业	0.2640	0.1651	0.1051	0.0696	0.0332	0.0201	0.0193	0.0130	0.0072
电子及通信设备、仪器仪表及文化办公用品制造业	0.0739	0.0322	0.0744	0.0368	0.0174	0.0120	0.0097	0.0054	0.0038
机械设备修理业、工艺品及其他制造业	1.1132	1.6582	0.3116	0.3843	0.1407	0.0800	0.0155	0.0490	0.0284
废品及废料回收加工业	0.0000	0.0000	0.0000	0.0000	0.0167	0.0046	0.0000	0.0268	0.0308
电力、热力的生产和供应业	36.1912	29.5257	25.1974	16.7512	9.5988	7.0353	5.3067	5.3676	4.3141
燃气的生产和供应业	0.6117	0.5223	3.1049	1.3559	0.7339	0.4577	0.0740	0.0383	0.0256
自来水的生产和供应业	0.0118	0.0137	0.1087	0.0997	0.0682	0.0540	0.0305	0.0266	0.0115
建筑业	0.2368	0.0954	0.1533	0.1216	0.1164	0.0810	0.0582	0.0443	0.0375
货物运输及仓储业、邮政业	2.5552	2.0661	2.7246	1.2793	0.8961	0.7869	0.6739	0.6402	0.5246
批发和零售贸易、餐饮业	0.1817	0.2063	0.2079	0.1061	0.1155	0.0844	0.0774	0.0587	0.0444
其他行业	0.5778	0.5633	0.2376	0.1084	0.0592	0.0481	0.0541	0.0364	0.0283

注：2010年投入产出表中没有"废品及废料回收加工业"，由于该行业碳排放很小，为后续计算顺利进行，令该行业直接碳排放强度为0。

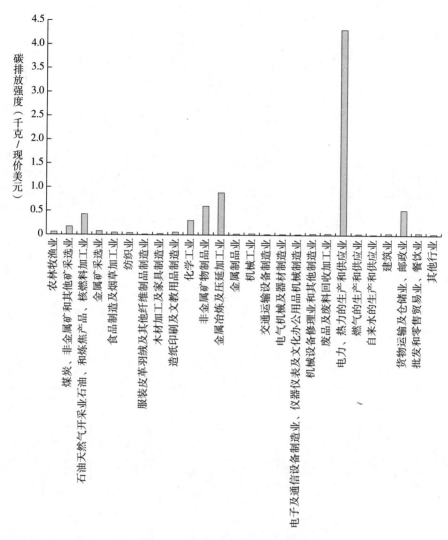

图 3-5　各行业直接碳排放强度

业隐含碳排放强度下降最快，该行业 1992 年、2015 年隐含碳强度的比值为 10.06，而其他行业均在 10 倍以下。

以 2015 年的隐含碳排放强度为例进一步分析。总体看，我国各行业调整后的隐含碳排放强度极差依然较大，电力、热力的生产和供应业隐含碳排放强度最高（3.3 千克/现价美元），批发和零售贸易、餐饮业最低（0.24 千克/现价美元），前者是后者的近 14 倍。与此同时，大部分行业隐含碳排放强度都在

表3-8 26部门调整后的隐含碳排放强度

（单位：千克/现价美元）

行业＼年份	1992	1995	1997	2002	2005	2007	2010	2012	2015
农林牧渔业	1.4943	1.2461	1.1475	0.9129	0.7687	0.7155	0.4533	0.3782	0.3035
煤炭、非金属矿、其他矿采选业	5.5145	3.7373	3.1436	2.1351	2.4313	1.9594	1.1267	0.9072	0.9748
石油和天然气开采业、核燃料炼焦产品、石油和炼焦料加工业	3.3068	3.2634	3.1386	2.3462	1.8700	2.1652	1.1261	0.8644	1.0270
金属矿采选业	5.7939	4.6796	4.5177	3.1669	2.8439	2.9313	1.8711	1.3447	1.2544
食品制造及烟草加工业	2.4139	1.7515	1.4976	1.1631	1.0126	0.9926	0.6451	0.4827	0.3578
纺织业	3.2748	2.6079	1.8302	1.7658	1.6240	1.6667	0.9444	0.8039	0.6106
服装皮革羽绒及其他纤维制品制造业	2.8762	2.2201	1.5814	1.4422	1.2699	1.3654	0.8435	0.6842	0.4790
木材加工及家具制造业	4.6109	3.1201	2.5009	1.8604	1.7444	1.6463	1.1898	0.8598	0.6830
造纸印刷及文教用品制造业	3.8378	2.9404	2.5954	1.7141	1.7852	1.7251	1.1658	0.9569	0.8463
化学工业	5.3650	4.1972	3.7094	2.7171	2.6653	2.5169	1.4785	1.2613	1.1095
非金属矿物制品业	6.1165	5.6502	4.0346	2.8845	2.9520	2.5796	1.7756	1.4925	1.2534
金属冶炼及压延加工业	6.7774	5.4131	5.5869	3.4576	3.2586	2.9646	1.8390	1.5389	1.7315
金属制品业	6.5618	4.9234	5.3132	3.4164	3.2411	2.9897	2.0920	1.6583	1.5204
机械工业	4.8035	3.7695	3.4160	2.4296	2.5638	2.3708	1.5066	1.1350	0.9739
交通运输设备制造业	3.8312	3.3314	3.2156	2.0870	2.2166	2.0813	1.2236	0.9866	0.8032

续表

行业＼年份	1992	1995	1997	2002	2005	2007	2010	2012	2015
电气机械及器材制造业	5.1659	4.0776	4.0868	2.5204	2.4976	2.5472	1.5877	1.3198	1.1769
电子及通信设备、仪器仪表及文化办公用品制造业	3.4655	2.5030	2.3649	1.5321	1.5751	1.7928	0.9329	0.6911	0.5696
机械设备修理业、工业品及其他制造业	4.1518	3.2924	2.5694	1.9645	1.8113	1.8686	0.7956	1.0905	0.8026
废品及废料回收加工业	0.0000	120.8326	0.0000	0.0000	0.0000	0.2580	0.0000	0.3065	1.1346
电力、热力的生产及供应业	3.5522	3.0099	2.9309	1.7108	2.2607	5.1663	3.4977	3.1779	3.3050
燃气的生产和供应业	6.2399	5.0745	4.3552	2.8496	2.2527	2.1893	1.1025	0.8768	0.9630
自来水的生产和供应业	3.0958	2.2432	6.9199	4.1073	3.3917	3.0655	2.4298	1.6956	1.5257
建筑业	5.2141	4.2668	3.8072	2.5473	2.3415	2.4686	1.5235	1.2875	1.0983
货物运输及仓储业、邮政业	2.4261	1.9315	1.9443	1.4227	1.2583	1.2361	0.7625	0.6207	0.5308
批发和零售贸易、餐饮业	2.4060	1.5065	1.4955	1.1025	0.8172	0.8516	0.4447	0.2933	0.2391
其他行业	2.7061	1.9740	1.8129	1.0458	1.0673	0.9180	0.5255	0.3887	0.3054

注：1992年、1995年投入产出表没有公布"进口"和"出口"数据，只有总的"净出口"数值，因此用联合国公布的中国当年年进出口数据做替代，总体上二者差别不大。

1.5 千克/现价美元以下,隐含碳排放强度低于 1 千克/现价美元的有 15 个行业。按轻重工业看,调整后隐含碳排放强度较高的基本为重工业,轻工业排放强度普遍较低,如图 3-6 所示。

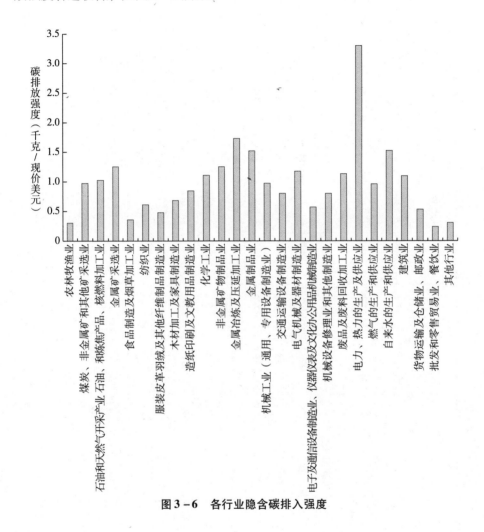

图 3-6　各行业隐含碳排入强度

(三) 中国总体碳排放水平

1. 碳排放总量测算

根据 46 部门分行业碳排放量测算结果,加总得碳排放总量,以便从整体上把握我国碳排放的规模、变化趋势。记第 t 年 i 行业二氧化碳排放量为

$Emission_{it}$ ，则第 t 年二氧化碳排放总量可以表示为：

$$CO_{2t} = \sum_{i=1}^{46} Emission_{it}$$

加总结果如表 3 - 9 所示。

表 3 - 9   1991—2016 年中国碳排放总量

年份	二氧化碳排放量（百万吨）	年份	二氧化碳排放量（百万吨）
1991	2289.50	2004	4706.45
1992	2401.35	2005	5273.90
1993	2594.96	2006	5790.15
1994	2721.65	2007	6202.91
1995	2952.04	2008	6349.57
1996	3101.44	2009	7484.32
1997	3066.24	2010	8235.95
1998	3120.30	2011	8864.37
1999	3164.76	2012	9282.45
2000	3249.54	2013	9642.08
2001	3349.65	2014	9494.38
2002	3563.51	2015	9384.70
2003	4142.65	2016	9307.69

目前比较权威的结果主要有 British Petroleum、IEA 公布的中国二氧化碳排放量，将本文测算结果与之比较。直观看，1991—2008 年计算结果和 IEA 公布的数据基本重合，2009—2013 年笔者测算结果略高于 IEA 口径下的二氧化碳排放量，但和 British Petroleum 口径的数据基本吻合，2013 年后 3 种口径差距越来越小。根据线性趋势进行线量化分析，笔者测算结果与两家主要研究机构，特别是和 British Petroleum 的线性趋势线基本重合。综上可认为本文测算结果合理可信，如图 3 - 7 所示。

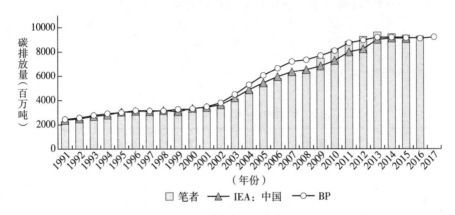

图 3-7 不同口径的碳排放总量的比较

注：IEA 公布的数据实际为我国化石燃料燃烧导致的碳排放量，IEA 口径包括香港，但不包括台湾，数据源没有明确提及是否包括澳门；British Petroleum、IEA 公布的中国二氧化碳排放量数据来源于 Wind。

从变化趋势来看，1991—2001 年碳排放总量增长缓慢，10 年时间仅增长了 10 亿吨上下，1995—1997 年碳排放总量增长率连续 3 年出现下降。随着我国正式加入 WTO（2001 年 12 月 11 日），参与国际贸易、承接国际产业转移的步伐大大加快，碳排放总量也迅猛增长，2003 年碳排放总量增长率达 16.25%。2008 年，在国际金融危机冲击、中国首次把可持续发展战略纳入经济和社会发展长期规划等的影响下，碳排放总量增长率降低至 2.36%。2013—2016 年，中国碳排放总量增长率由负转正，分别为 -1.54%、-1.15%、-0.83%，导致这种现象出现的原因可能是中国经济增速放缓和环境治理水平提高。

2. 人均碳排放量测算

人均碳排放是指一国在单位时间内（通常是一年或某个核算期），根据总人口数据计算的人均二氧化碳排放量。计算公式为：

$$人均碳排放 = \frac{碳排放总量}{当年总人口}$$

测算结果如表 3-10 所示。

表 3 - 10   1991—2016 年人均碳排放量

年份	碳排放总量/百万吨	人口总量/万人	人均碳排放/吨/人
1991	2289.50	115078.00	1.99
1992	2401.35	116497.00	2.06
1993	2594.96	117844.00	2.20
1994	2721.65	119183.50	2.28
1995	2952.04	120485.50	2.45
1996	3101.44	121755.00	2.55
1997	3066.24	123007.50	2.49
1998	3120.30	124193.50	2.51
1999	3164.76	125273.50	2.53
2000	3249.54	126264.50	2.57
2001	3349.65	127185.00	2.63
2002	3563.51	128040.00	2.78
2003	4142.65	128840.00	3.22
2004	4706.45	129607.50	3.63
2005	5273.90	130372.00	4.05
2006	5790.15	131102.00	4.42
2007	6202.91	131788.50	4.71
2008	6349.57	132465.50	4.79
2009	7484.32	133126.00	5.62
2010	8235.95	133770.50	6.16
2011	8864.37	134413.00	6.59
2012	9282.45	135069.50	6.87
2013	9642.08	135738.00	7.10
2014	9494.38	136427.00	6.95
2015	9384.70	137122.00	6.84
2016	9307.69	137866.50	6.74

注：中国人口总量数据来自世界银行 World Development Indicators 数据库。

　　人均二氧化碳排放变化趋势与碳排放总量变化趋势类似，1996—2001 年增速低于 3%，2001 年后开启高速增长，2003 年增速达 15.53%，之后 5 年逐步下降。2009 年前后，可能受基建投资大幅增加等因素影响，有色金属、钢铁、基建等高碳行业碳排放大量增长，2009年人均碳排放量增长率达到 17.29% 的峰值。近年来，可能受经济放缓及中国从严治理环境污染等影响，2014—2017 年连续三年人均碳排放量都出现负增长，增速分别为 -2.04%、-1.65%、-1.37%、-1.25%，如图 3-8 所示。

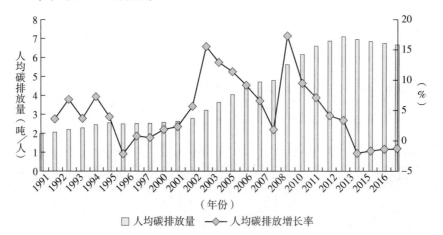

图 3-8 人均二氧化碳排放量

注：中国总人口数据来自世界银行 World Development Indicators 数据库；由于《中国能源统计年鉴 2018》尚未公布，无法测算 2017 年碳排放数据，2017 年碳排放总量采用 BP 口径的数据代替，其余年份碳排放数据采用笔者测算结果。

3. 碳排放强度

碳排放强度指每增加一单位国民生产总值所排放的二氧化碳的数量。依据中国碳排放总量及当年 GDP 测算中国碳排放强度。计算公式为：

$$碳排放强度 = \frac{碳排放总量}{GDP}$$

所得结果如表 3-11 所示。

表 3-11 1991—2016 年中国碳排放强度

年份	碳排放总量 （百万吨）	中国 GDP 总量 （十亿美元）	碳排放强度 （千克/现价美元）
1991	2289.50	415.60	5.51

续表

年份	碳排放总量 （百万吨）	中国 GDP 总量 （十亿美元）	碳排放强度 （千克/现价美元）
1992	2401.35	495.67	4.84
1993	2594.96	623.05	4.16
1994	2721.65	566.47	4.80
1995	2952.04	736.87	4.01
1996	3101.44	867.22	3.58
1997	3066.24	965.34	3.18
1998	3120.30	1032.57	3.02
1999	3164.76	1097.14	2.88
2000	3249.54	1214.92	2.67
2001	3349.65	1344.08	2.49
2002	3563.51	1477.50	2.41
2003	4142.65	1671.07	2.48
2004	4706.45	1966.24	2.39
2005	5273.90	2308.80	2.28
2006	5790.15	2774.29	2.09
2007	6202.91	3571.45	1.74
2008	6349.57	4604.29	1.38
2009	7484.32	5121.68	1.46
2010	8234.28	6066.35	1.36
2011	8862.08	7522.10	1.18
2012	9273.11	8570.35	1.08
2013	9632.80	9635.03	1.00
2014	9484.09	10534.53	0.90
2015	9375.45	11226.19	0.84

年份	碳排放总量 （百万吨）	中国 GDP 总量 （十亿美元）	碳排放强度 （千克/现价美元）
2016	9297.32	11221.84	0.83

注：GDP 数据来自国际货币基金组织 World Economic Outlook 数据库，碳排放数据由笔者计算得到。

　　我国碳排放强度总体呈现下降趋势。碳排放强度的变化从 20 世纪 90 年代至今大体上可以分为 5 个阶段：1992—1994 年、1995—2002 年、2003—2008 年、2009—2011 年、2012—2017 年。其中，1994 年平均碳排放强度增长率最高（15.36%），但之后的连续 8 年（1995—2002 年）年平均碳排放强度都处于负增长阶段。2003 年平均碳排放强度明显的上升至 2.79%，之后又迅速滑落，可能是受对外贸易和产业转移的影响。2009 年是 2004 年至今唯一平均碳排放强度增长率正增长的年份，平均碳排放强度增长率达 5.96%（2009 年平均碳排放强度 1.46 千克/现价美元）。2010 年至今碳排放强度一直处于下降区间，如图 3 - 9 所示。

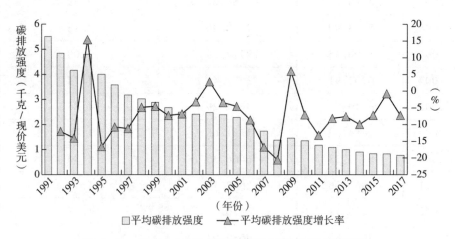

图 3 - 9　1991—2017 年平均碳排放强度及其增长率

注：由于《中国能源统计年鉴 2018》尚未公布，无法测算 2017 年碳排放数据，2017 年碳排放总量采用 BP 口径的数据代替，其余年份碳排放数据采用笔者测算结果。

CHAPTER 4

第四章

中国国际贸易
碳排放水平测算与分析

本章研究测算了自 20 世纪 90 年代至 2015 年跨度约 25 年的中国进出口贸易直接碳排放量、隐含碳排放量、直接碳排放强度、隐含碳排放强度和脱钩弹性系数，并从总量、结构、强度和脱钩水平四方面分析了中国国际贸易碳排放水平的变化趋势。

一、 碳排放水平测算

（一）出口贸易碳排放水平

1. 测算方法

设 i 行业第 t 年出口贸易直接碳排放量为 $EXCO_{2it}$ ，则有：

$$EXCO_{2it} = w_{it} \cdot EX_{itUSD}$$

其中 w_{it} 表示第 t 年 i 行业的直接碳排放强度，EX_{itUSD} 是第 t 年 i 行业以美元（现价）计价的出口贸易额。

对第 t 年各行业出口贸易的直接碳排放量加总，可得当年出口贸易的直接碳排放总量（ $EXCO_{2t}$ ），即：

$$EXCO_{2t} = \sum_i EXCO_{2it}$$

同理，可得第 t 年 i 行业的隐含碳排放量（ $\widetilde{EXCO_{2t}}$ ）：

$$\widetilde{EXCO_{2it}} = \widetilde{w_{it}} \cdot EX_{itUSD}$$

其中 $\widetilde{w_{it}}$ 表示第 t 年 i 行业的隐含碳排放强度。第 t 年各行业出口贸易隐含碳排放量加总可得当年出口贸易隐含碳排放总量。

进一步可测算第 t 年出口贸易的直接碳排放强度 w_t ：

$$w_t = \frac{EXCO_{2t}}{\sum_i EX_{itUSD}}$$

其中 $EXCO_{2t}$ 为第 t 年出口贸易的直接碳排放量，$\sum_i EX_{itUSD}$ 表示第 t 年出口贸易总额（以美元计）。同理可得第 t 年出口贸易的隐含碳排放强度 $\widetilde{w_t}$：

$$\widetilde{w_t} = \frac{\widetilde{EXCO_{2t}}}{\sum_i EX_{itUSD}}$$

其中 $\widetilde{EXCO_{2t}}$ 为第 t 年出口贸易的隐含碳排放量。

2. 测算结果

测算结果如表 4 - 1 所示。

（二）进口贸易碳排放水平

1. 目前方法存在不足

理论上测度进口贸易的实际碳排放水平需要根据进口来源国的投入产出表、能源消耗量等数据。但由于我国与世界上近百个国家都有贸易往来，获取全部相关数据难度大、耗时长，因此实际计算中普遍采用中国国内各行业碳排放强度进行替代。本国替代法所得结果虽为虚拟值，但可以把握我国进口贸易的碳排放趋势，因此仍有一定意义。特别需要指出的是，陈迎、潘家华和谢来辉（2008）研究发现，由于中国从发达国家进口产品的附加值较高，本国替代法会较大程度地高估我国进口的碳排放水平。为此，本研究除依据本国替代法测算进口贸易碳排放水平外，也根据中国主要进口来源国的碳排放强度测算，并对两种方法所得结果进行比较，以求更准确地把握进口贸易的碳排放情况。

2. 本国替代法的测算和结果

第 t 年 i 行业进口贸易的直接碳排放量（$IMCO_{2t}$）可通过下式计算：

$$IMCO_{2it} = w_{it} \cdot IM_{itUSD}$$

其中 w_{it} 表示第 t 年 i 行业的直接碳排放强度，IM_{itUSD} 表示以美元计价的进口贸易额。

表4-1　中国出口贸易分行业直接碳、隐含碳排放量与出口贸易总体的碳排放强度及占比

直接碳、隐含碳排放量 / 行业名称	1992 直接	1992 隐含	1995 直接	1995 隐含	1997 直接	1997 隐含	2002 直接	2002 隐含	2005 直接	2005 隐含	2007 直接	2007 隐含	2010 直接	2010 隐含	2012 直接	2012 隐含	2015 直接	2015 隐含
农林牧渔业	2.86	10.76	2.58	10.73	1.40	11.23	1.45	9.77	2.31	11.74	2.10	13.59	2.24	12.81	2.11	33.67	2.36	12.22
煤炭、非金属矿和其他矿采选业	1.51	4.54	1.37	3.73	1.61	4.68	0.98	2.61	1.81	5.29	1.74	5.27	1.01	3.52	0.99	3.39	0.61	3.48
石油和天然气开采业和石油、炼焦产品和核燃料加工工业	9.16	15.52	0.28	0.40	16.53	21.93	12.48	19.79	17.20	32.96	12.31	45.20	12.18	30.04	11.13	31.02	11.95	28.66
金属矿采选业	0.14	0.59	0.99	5.92	0.06	0.55	0.07	0.57	0.24	3.19	0.11	2.77	0.09	1.09	0.04	0.42	0.02	0.31
食品制造及烟草加工业	2.53	7.95	2.07	7.15	1.58	6.97	2.02	7.79	1.93	11.34	1.76	16.35	2.13	12.50	2.07	27.42	1.34	9.99
纺织业	15.16	80.62	15.64	87.29	12.99	79.11	16.66	102.15	20.74	174.84	20.43	276.84	19.95	188.45	16.65	246.06	11.31	166.94
服装皮革羽绒及其他纤维制品制造业	1.40	23.17	1.25	35.80	1.05	26.02	1.70	32.79	2.02	48.73	1.66	64.39	2.21	56.64	2.07	90.55	1.31	49.45
木材加工及家具制造业	1.71	11.38	0.70	5.56	1.35	15.03	1.73	24.97	3.62	52.21	2.98	77.99	4.02	73.50	4.10	92.01	2.98	78.11
造纸印刷及文教用品制造业	0.46	2.01	1.08	4.97	0.71	3.44	0.88	4.01	1.50	9.13	1.87	15.91	2.34	14.46	1.90	17.32	1.29	19.27
化学工业	12.45	22.12	27.25	54.92	13.76	34.84	14.55	39.71	21.76	84.90	25.22	128.62	33.03	110.84	32.84	94.45	32.17	117.82
非金属矿物制品业	11.06	14.01	12.18	18.67	12.49	20.27	27.15	23.95	34.25	52.51	35.00	68.49	40.94	70.59	75.08	85.16	51.54	107.24
金属冶炼及压延加工工业	5.15	7.54	6.81	9.45	14.92	21.38	5.15	7.98	33.46	49.17	48.99	118.46	33.85	53.21	34.27	37.12	43.57	85.19
金属制品业	1.56	22.56	3.53	55.06	1.79	50.79	2.86	56.71	3.56	136.11	3.87	226.44	3.67	171.29	4.10	111.96	3.03	193.65
机械工业	1.98	16.17	0.39	3.38	4.74	46.86	8.42	123.44	17.72	383.78	18.57	541.94	19.63	466.76	15.87	375.90	10.81	354.78
交通运输设备制造业	1.19	8.03	7.05	73.58	1.14	16.69	1.43	22.01	2.51	62.97	2.62	114.44	2.58	108.75	2.80	108.38	1.69	86.11
电气机械及器材制造业	2.16	42.23	1.43	35.36	2.58	100.34	4.53	164.12	5.72	430.38	6.04	764.95	7.50	617.22	6.36	487.32	4.26	699.49
电子及通信设备、仪器仪表及文化办公用品制造业	0.17	8.07	0.17	13.52	0.47	14.95	0.35	14.59	0.49	44.73	0.49	73.07	0.55	52.82	0.43	79.40	0.31	46.19

续表

行业名称	1992 直接	1992 隐含	1995 直接	1995 隐含	1997 直接	1997 隐含	2002 直接	2002 隐含	2005 直接	2005 隐含	2007 直接	2007 隐含	2010 直接	2010 隐含	2012 直接	2012 隐含	2015 直接	2015 隐含
机械设备修理业、工业品及其他制造业	6.93	25.85	23.07	45.81	4.72	38.95	9.30	47.53	6.75	86.85	5.78	134.98	1.38	71.04	6.23	127.23	4.11	116.03
废品及废料回收加工业	0.00	0.00	0.00	0.00	0.00	0.00	0.00	0.00	0.00	0.00	0.00	0.00	0.00	0.00	0.00	0.00	0.00	0.00
电力、热力的生产和供应业	0.00	0.00	0.00	0.00	0.00	0.00	0.00	0.00	0.00	0.00	0.00	0.00	0.00	0.00	0.00	0.00	0.00	0.00
燃气的生产和供应业	0.00	0.00	0.00	0.00	0.00	0.00	0.00	0.00	0.00	0.00	0.00	0.00	0.00	0.00	0.00	0.00	0.00	0.00
自来水的生产和供应业	0.00	0.00	0.00	0.00	0.00	0.00	0.00	0.00	0.00	0.00	0.00	0.00	0.00	0.00	0.00	0.00	0.00	0.00
建筑业	0.00	0.00	0.00	0.00	0.00	0.00	0.00	0.00	0.30	6.07	0.44	13.27	0.84	22.08	0.54	12.25	0.62	18.29
货物运输及仓储业、邮政业	0.00	0.00	0.00	0.00	0.00	0.00	0.00	0.00	13.82	19.41	24.65	38.72	23.06	26.09	24.91	38.91	20.25	20.49
批发和零售贸易业、餐饮业	0.00	0.00	0.00	0.00	0.00	0.00	0.00	0.00	3.38	23.94	3.14	31.71	3.54	20.37	2.94	50.03	2.00	10.75
其他行业	0.00	0.00	0.00	0.00	0.00	0.00	0.00	0.00	1.84	33.25	2.48	47.29	2.20	21.36	3.66	100.39	3.35	36.16
出口贸易的碳排放量总计（百万吨）	77.58	323.13	107.86	471.29	93.89	514.02	111.70	704.49	196.94	1763.49	222.25	2820.70	218.93	2205.43	251.08	2250.36	210.86	2260.59
出口贸易的碳排放强度（千克/现价美元）	0.82	3.44	0.65	2.82	0.45	2.48	0.31	1.93	0.23	2.10	0.17	2.10	0.12	1.26	0.11	1.00	0.08	0.91
出口贸易碳排放量占中国碳排放总量的比重（%）	3.23	13.46	3.65	15.96	3.06	16.76	3.13	19.77	3.73	33.44	3.58	45.47	2.66	26.78	2.70	24.24	2.25	24.09

注：（1）2000年以后的货物与服务贸易数据来源于trademap数据库；2000年之前的相关数据来自Un ComTrade数据库。由于trademap公布的服务贸易数据从2005年开始统计，为方便比较数据，将2000年之前年份对应数据均为0。上述数据库中所得数据均是按照SITC分类的，研究借鉴并改进张晓平①的方法，对SITC商品分类和行业分类进行对接。（2）测算出口整体碳排放强度的出口额来自世界贸易组织数据库。

① 张晓平. 中国对外贸易产生的 CO_2 排放区位转移分析 [J]. 地理学报, 2009, 64 (2)：234-242.

同理，第 t 年 i 行业进口贸易隐含碳排放量（$\widetilde{IMCO_{2t}}$）的计算公式为：

$$\widetilde{IMCO_{2t}} = \widetilde{w_{it}} \cdot IM_{itUSD}$$

其中 $\widetilde{w_{it}}$ 表示第 t 年 i 行业的隐含碳排放强度。

对第 t 年进口贸易分行业直接碳排放量加总，可得当年进口贸易的直接碳排放总量：

$$IMCO_{2t} = \sum_{i=1}^{26} IMCO_{2it}$$

第 t 年进口贸易的隐含碳排放总量也可用类似方法得到。

进一步计算进口贸易的直接碳排放强度和隐含碳排放强度。第 t 年进口贸易的直接碳排放强度 $w_{t(im)}$ 为：

$$w_{t(im)} = \frac{IMCO_{2t}}{\sum_i IM_{itUSD}}$$

其中 $IMCO_{2t}$ 为第 t 年进口贸易的直接碳排放总量，$\sum_i IM_{itUSD}$ 表示第 t 年进口贸易总额。

类似可得第 t 年进口贸易的隐含碳排放强度 $\widetilde{w_t}$：

$$\widetilde{w_{t(im)}} = \frac{\widetilde{IMCO_{2t}}}{\sum_i IM_{itUSD}}$$

其中 $IMCO_{2t}$ 为第 t 年进口贸易的隐含碳排放总量。

根据本国替代法测算的进口贸易碳排放总量、强度如表 4-2 所示。

表 4-2　依据本国替代法测算的进口贸易碳排放总量、占比及强度

年份	进口金额（百万美元）	进口直接碳排放			进口隐含碳排放		
		排放量（百万吨）	排放量占比（%）	强度（千克/现价美元）	排放量（百万吨）	排放量占比（%）	强度（千克/现价美元）
1995	156718.59	113.45	3.84	0.72	463.75	15.71	2.96
1997	170094.00	96.17	3.14	0.57	457.96	14.94	2.69
2002	341249.60	132.68	3.72	0.39	694.69	19.49	2.04

续表

年份	进口金额（百万美元）	进口直接碳排放			进口隐含碳排放		
		排放量（百万吨）	排放量占比（%）	强度（千克/现价美元）	排放量（百万吨）	排放量占比（%）	强度（千克/现价美元）
2005	743301.00	246.54	4.67	0.33	1609.12	30.51	2.16
2007	1084385.00	221.78	3.58	0.20	2337.38	37.68	2.16
2010	1588501.00	279.70	3.40	0.18	2010.31	24.41	1.27
2012	2098665.00	313.50	3.38	0.15	2111.11	22.74	1.01
2015	2112545.00	289.19	3.08	0.14	1827.74	19.48	0.87

注：进口额来自世界贸易组织数据库，包括货物贸易和服务贸易。

3. 进口来源国筛选法的测算和结果

根据 wind 数据库的中国商品贸易分大洲进口额可知，我国进口主要来源于亚洲，其次为欧洲和北美洲，三洲合计占比连续22年保持在80%以上，代表性较强。首先，分别用三洲的进口金额乘以该洲主要进口来源国和地区（日本、欧盟、美国[①]）的碳排放强度，估算中国从三大洲进口隐含的碳排放量，再除以三大洲进口额占中国总进口额的比重，得到中国进口贸易（商品）的碳排放量。其次，根据历年中国进口贸易（商品）的碳排放量、商品进口额占总进口额（商品+服务）的比重，估算中国进口贸易碳排放总量和强度，测算结果如表4-3所示。

表4-3　依据进口来源国筛选法的碳排放强度测算结果

年份	进口贸易碳排放量（百万吨）	占中国碳排放总量的比重（%）	进口额（百万美元）	碳排放强度（千克/现价美元）
1995	52.12	2.17	156718.59	0.33
1997	60.47	1.97	170094.00	0.36
2002	117.53	3.30	341249.60	0.34

① 日本、欧盟、美国的碳排放强度由碳排放总量/GDP 总量得到。碳排放总量数据来自 BP Statistical Review of World Energy 数据库，GDP 总量数据来自国际货币基金组织 World Economic Outlook 数据库。

续表

年份	进口贸易碳排放量（百万吨）	占中国碳排放总量的比重（%）	进口额（百万美元）	碳排放强度（千克/现价美元）
2005	215.44	4.09	743301.00	0.29
2007	309.25	4.99	1084385.00	0.29
2010	361.54	4.39	1588501.00	0.23
2012	462.93	4.99	2098665.00	0.22
2015	553.58	5.90	2112545.00	0.26

注：进口额来自世界贸易组织数据库，包括货物贸易和服务贸易。

（三）国际贸易净碳排放水平

1. 测算方法

净碳排放原是生物学的概念，反映一定时间内特定区域生态系统的生物碳吸收输入与碳排放输出的收支状况，随着在国际贸易中碳转移不断受到关注，净碳排放也被用以衡量进出口贸易的碳转移，公式为：

净碳排放量＝进口贸易碳排放量－出口贸易碳排放量

若结果为正，说明进口贸易的碳排放量高于出口贸易的碳排放量，即一国通过进口，将本该在本国生产所引致的碳排放转移给了其他国家，发达国家往往出现这种情况。反之，进口贸易中碳排放量小于出口贸易中碳排放量，表明该国虽在生产过程中排放了大量碳，但最终产品和服务却被国外消费者享用，发展中国家往往是这一情形的典型例子。

由于测度进口贸易碳排放用了两种方法，因此净碳排放量也依据两种方法测算，并作比较。考虑到进口来源国筛选法不存在直接碳和隐含碳之分，因此假定直接碳和隐含碳排放量均等于测算所得进口贸易的碳排放量。

2. 测算结果

中国国际贸易净碳排放量测算结果如表4－4所示。

表4-4 中国净碳排放量

年份	本国替代法所得净碳排放量		进口来源国筛选法测算的净碳排放量	
	直接碳（百万吨）	隐含碳（百万吨）	直接碳（百万吨）	隐含碳（百万吨）
1995	5.59	-7.54	-55.74	-419.17
1997	2.29	-56.06	-33.42	-453.55
2002	20.98	-9.81	5.83	-586.96
2005	49.6	-154.38	18.50	-1548.05
2007	-0.47	-483.32	87.00	-2511.45
2010	60.76	-195.12	142.61	-1843.89
2012	62.42	-139.25	211.85	-1787.43
2015	78.32	-432.85	342.72	-1707.01

注：出口贸易碳排放量均根据我国各行业碳排放强度测算，本国替代法中进口贸易碳排放量根据我国各行业碳排放强度计算，进口来源国筛选法中进口贸易碳排放量根据进口来源国的碳排放强度测算。

（四）出口贸易碳排放水平相对于出口贸易额的脱钩程度

1. 脱钩指标构建

脱钩原是物理学概念，后被 OECD 用来形容阻断经济增长与环境污染或者二者变化不同步。根据弹性变化程度的不同，脱钩分为相对脱钩和绝对脱钩，其中相对脱钩指表示经济增长和碳排放相关指标变化方向一致，但二者变化不同步，又称弱脱钩。而绝对脱钩指表示经济增长和碳排放的相关指标变化方向相反，又称强脱钩。脱钩方向和程度可用脱钩弹性系数 e 定量衡量，令碳排放量对 GDP 的脱钩弹性系数为 $e(C, GDP)$，其计算公式为：

$$e(C, GDP) = \frac{\Delta C/C}{\Delta GDP/GDP}$$

式中 $\Delta C/C$ 表示碳排放变动的百分比，$\Delta GDP/GDP$ 表示 GDP 总量变动的百分比。

仿照上式，研究计算了出口贸易直接碳排放总量相对于出口贸易额的脱钩弹性系数：

$$e(CO_2, EX) = \frac{\Delta CO_2 / CO_2}{\Delta EX / EX}$$

其中 $\Delta CO_2 / CO_2$ 表示出口贸易直接碳排放量变动的百分比，$\Delta EX/EX$ 表示出口贸易额变动的百分比。

同理也可得到出口贸易直接碳排放强度相对于出口贸易额的弹性系数：

$$e(W_t, EX) = \frac{\Delta W_t / W_t}{\Delta EX / EX}$$

其中 $\Delta W_t / W_t$ 表示出口贸易直接碳排放强度变动的百分比。

出口贸易隐含碳排放量相对于出口贸易额的弹性系数、出口贸易隐含碳排放强度相对于出口贸易额的、弹性系数的计算方法与之类似。

进一步根据脱钩弹性系数的正负和大小，可将脱钩模型分为不同的状态。研究借鉴并改进 Tapio 的脱钩模型，如表 4 - 5 所示。

表 4 - 5　本研究的脱钩模型

脱钩状态	脱钩弹性 e	ΔC	ΔGDP
绝对强脱钩	$e \leq -1$	< 0	> 0
绝对弱脱钩	$-1 < e \leq 0$	< 0	> 0
相对强脱钩	$0 < e \leq 0.5$	> 0	> 0
相对弱脱钩	$0.5 < e \leq 1$	> 0	> 0
负脱钩	$e > 1$	> 0	> 0

2. 脱钩结果与脱钩状态

中国出口贸易碳排放总量和碳排放强度对于出口贸易额的脱钩弹性系数及状态测算结果如表 4 - 6、表 4 - 7 所示。

表 4 - 6　出口碳排放量对出口贸易额的脱钩状态

时期	$\Delta EXCO_{2t}$ (%)	$\overline{\Delta EXCO_{2t}}$ (%)	ΔEX_{tUSD} (%)	$e(\Delta EXCO_{2t}, \Delta EX_{tUSD})$	$e(\overline{\Delta EXCO_{2t}}, \Delta EX_{tUSD})$	脱钩状态 $(\Delta EXCO_{2t})$	脱钩状态 $(\overline{\Delta EXCO_{2t}})$
1992—1995	39.03	45.85	77.79	0.50	0.59	相对强脱钩	相对弱脱钩
1995—1997	-12.96	9.07	23.97	-0.54	0.38	绝对弱脱钩	相对强脱钩
1997—2002	18.97	37.06	76.07	0.25	0.49	相对强脱钩	相对强脱钩
2002—2005	76.31	150.32	130.13	0.59	1.16	相对弱脱钩	负脱钩
2005—2007	12.85	59.95	60.17	0.21	1.00	相对强脱钩	相对弱脱钩
2007—2010	-1.49	-21.81	30.46	-0.05	-0.72	绝对弱脱钩	绝对弱脱钩
2010—2012	14.68	2.04	28.16	0.52	0.07	相对弱脱钩	绝对弱脱钩
2012—2015	-16.02	0.45	10.75	-1.49	0.04	绝对强脱钩	相对强脱钩

注：$\Delta EXCO_{2t}$、$\overline{\Delta EXCO_{2t}}$、$\Delta EX_{tUSD}$ 分别表示出口贸易直接碳排放量、隐含碳排放量、出口贸易总金额变化的百分比。

表 4 - 7 出口碳排放强度对出口贸易额的脱钩状态

时期	w_t (%)	$\tilde{w}_t$ (%)	ΔEX_{tUSD} (%)	$e(w_t, \Delta EX_{tUSD})$	$e(\tilde{w}_t, \Delta EX_{tUSD})$	脱钩状态 (w_t)	脱钩状态 ($\tilde{w}_t$)
1992—1995	-21.80	-17.97	77.79	-0.28	-0.23	绝对弱脱钩	绝对弱脱钩
1995—1997	-29.78	-12.02	23.97	-1.24	-0.50	绝对强脱钩	绝对弱脱钩
1997—2002	-32.43	-22.16	76.07	-0.43	-0.29	绝对弱脱钩	绝对弱脱钩
2002—2005	-23.39	8.77	130.13	-0.18	0.07	绝对弱脱钩	相对强脱钩
2005—2007	-29.54	-0.14	60.17	-0.49	0.00	绝对弱脱钩	绝对弱脱钩
2007—2010	-24.49	-40.07	30.46	-0.80	-1.32	绝对弱脱钩	绝对强脱钩
2010—2012	-10.51	-20.38	28.16	-0.37	-0.72	绝对弱脱钩	绝对弱脱钩
2012—2015	-24.17	-9.29	10.75	-2.25	-0.86	绝对强脱钩	绝对弱脱钩

二、 测算结果变化趋势分析

(一) 碳排放总量

1. 出口贸易碳排放量及其占中国碳排放总量比重均呈先升后降趋势

在 20 余年的时间跨度中，从总量来看，中国出口贸易直接碳排放总量波动较小，1992 年约为 0.8 亿吨，2012 年达到历史峰值约 2.5 亿吨；而中国出口贸易隐含碳排放总量变化较为剧烈，1992—2002 年十年间逐渐缓慢上升，2002—2007 年间则呈急剧上升趋势，并在 2007 年达到历史峰值约 28.2 亿吨，这与中国加入 WTO 后出口导向型经济形成有关。受经济危机影响，2012 年中国出口贸易隐含碳排放总量降至约 22 亿吨并在其后基本维持在这一水平。从占比来看，出口贸易直接碳排放总量占中国碳排放总量比重也较小，基本维持在 2%~4% 区间内；而隐含碳排放总量占比则较高且波动较大，1992 年占比约 14%，至 2007 年攀升至 46%，几乎占据中国碳排放总量的半壁江山，之后占比回落到 25% 上下，如图 4-1 所示。

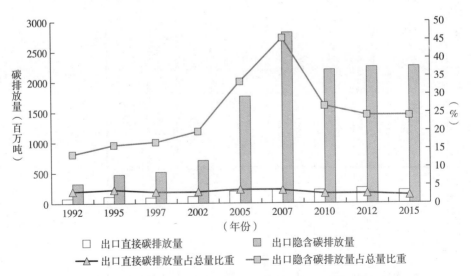

图 4-1 中国出口贸易的直接碳和隐含碳排放总量及其占比

2. 进口贸易碳排放量被严重高估

从本国替代法和进口来源国筛选法两种测算方法的计算结果来看，目前普遍采用的本国替代法计算得到的中国进口贸易碳排放总量，是应用进口来源国筛选法计算值的 4～10 倍。换言之，本国替代法严重高估了我国进口贸易的碳排放水平，原因在于采用我国各行业碳排放强度"替代"进口来源国各行业碳排放强度时，隐含着"中国和进口来源国技术水平、能源利用效率相同"的假设。但中国主要进口来源国中发达国家占比大、产品附加值更高、碳排放强度更低，就会出现严重高估的结论，如图 4－2 所示。

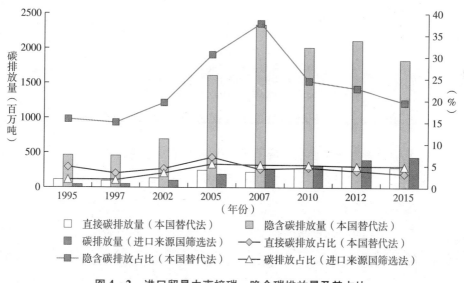

图 4－2　进口贸易中直接碳、隐含碳排放量及其占比

3. 国际贸易净碳排放量（碳转移）绝对值被低估

由于净碳排放总量为进口贸易碳排放总量与出口贸易碳排放总量之差，进口贸易碳排放总量被严重高估，意味着中国国际贸易净碳排放总量（碳转移）的绝对值被严重低估，尤其是隐含净碳排放总量，本国替代法测算的隐含碳的净碳排放总量最大值出现在 2007 年（－4.83 亿吨），同期依据进口来源国筛选法测算的净碳排放总量虽也达到了最大值（－25.11 亿吨），但前者只是后者的 19.2%，差距明显。换言之，传统的本国替代法严重低估了发达国家向中国碳转移的程度，有相当数量的由中国生产、国外消费的碳排放并未纳入核算中，如图4-3所示。

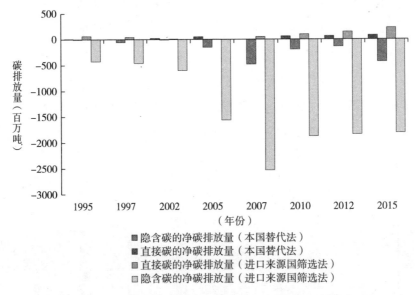

图4-3 本国替代法和进口来源国筛选法所得净碳排放量的比较

4. 从消费者责任角度我国应承担更少减排和治理责任

基于以上测算数据，由于中国国际贸易净碳排放总量（碳转移）的绝对值被严重低估，从消费者责任角度，中国应承担更少的减排和治理责任。这更符合中国实际的国际贸易碳排放情况，也更符合巴黎气候大会"共同但有区别"的责任原则。

（二）碳排放结构

1. 出口贸易直接碳排放集中在化学工业、纺织业及能源相关行业

从直接碳排放的角度看，出口贸易高碳行业集中在化学工业、纺织业及能源相关行业。具体来说，化学工业，纺织业，非金属矿物制品业，石油天然气开采业、石油炼焦产品、核燃料加工业，金属冶炼及压延工业出口贸易直接碳排放量总计占中国出口贸易直接碳排放总量的60%~75%。其中，纺织业，石油天然气开采业、石油炼焦产品、核燃料加工业出口贸易直接碳排放量占比整体呈现下降趋势，其他行业波动较大，这与出口贸易结构变化有

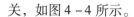
关，如图 4 - 4 所示。

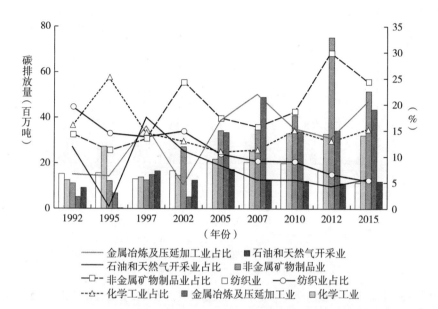

图 4 - 4　出口贸易主要直接碳排放行业排放量及其占出口贸易直接碳排放总量的比重

2. 出口贸易隐含碳排放重点逐步从纺织相关行业向电气、机械制造业转变

从隐含碳的视角看，出口贸易高碳行业逐步从纺织相关行业转向电气机械及器材制造业、机械工业。20 世纪 90 年代纺织相关行业出口贸易的隐含碳排放水平在各行业中名列前茅，1992 年纺织业、服装皮革羽绒及其他纤维制品制造业的排放量分别为 24.81 亿吨、23.17 亿吨，占出口贸易隐含碳排放总量的比重分别为 24.95%、7.17%。但到了 2015 年，纺织相关行业的隐含碳排放量虽较 1992 年有所上升，但占比大幅度下滑，2015 年纺织业、服装皮革羽绒及其他纤维制品制造业的隐含碳排放占比分别为 7.38%、2.19%，占比只有 1992 年的 1/3。与此同时，电气机械及器材制造业、机械工业出口的隐含碳排放水平上升。1992 年电气机械及器材制造业、机械工业的隐含碳排放量分别为 42.23 亿吨、0.16 亿吨，占比分别为 13.07%、5.01%，而 2015 年两者分别为 69.95 亿吨、3.55 亿吨，占比分别为 30.94%、15.69%。电气机械及器材制造业、机械工业已经取代纺织业成为出口贸易隐含碳排放水平最高的行业，如图 4 - 5 所示。

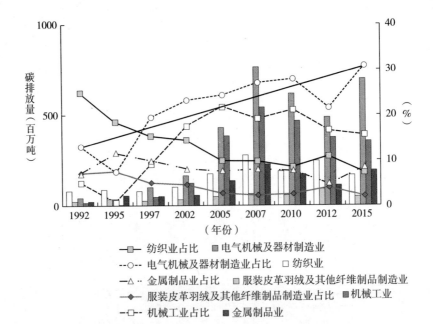

图 4 – 5　出口贸易主要隐含碳排放行业排放量及其占出口贸易隐含碳排放总量的比重

3. 服务贸易进一步推动出口贸易绿色化

相较货物贸易，服务贸易的隐含碳排放强度更低，近年来服务贸易出口额的快速增长以及服务贸易自身隐含碳排放强度的降低进一步推动了出口贸易绿色化。出口贸易中服务贸易隐含碳排放强度普遍低于货物贸易的隐含碳排放强度，表明服务贸易的蓬勃发展对于降低出口贸易总体的碳排放强度有积极的推动作用。近年来，服务贸易出口额和占比的进一步上升，根据 WTO 的数据，1990 年中国服务贸易出口额仅 57.48 亿美元，占中国出口总额的 8.47%，而 2017 年服务贸易出口额已猛增至 2263.89 亿美元，增长了近 40 倍，占出口贸易总额的比重也提高了 0.62 个百分点。与此同时，服务行业自身隐含碳排放强度也有所降低，例如批发零售业、货物运输及仓储邮政业隐含碳排放强度分别由 2012 年的 0.29 千克/现价美元、0.62 千克/现价美元降低至 2015 的 0.24 千克/现价美元、0.53 千克/现价美元。在上述两方面因素的作用下，出口贸易绿色化程度进一步提高，如图4 – 6 所示。

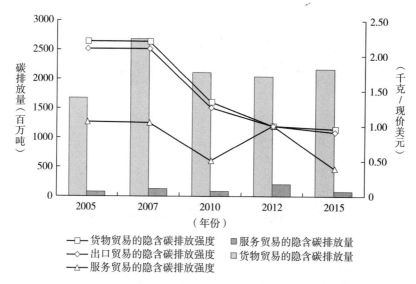

图4-6 出口贸易中服务贸易和货物贸易的直接碳、隐含碳排放量及排放强度

（三）碳排放强度

1. 出口贸易碳排放强度总体呈下降趋势

从中国出口贸易碳排放强度看，直接碳排放强度呈缓慢下降趋势，隐含碳排放强度从长期来看也呈下降趋势，只是在2002—2007年有缓慢上升，如所述原因，此时间段中国刚加入WTO，出口额尤其是初级加工品出口额大量增加，出口贸易行业结构特征，导致了整体碳排放强度的上升，如图4-7所示。

2. 出口贸易促进中国总体碳排放强度下降作用不断收窄

从直接碳排放强度来看，中国出口贸易直接碳排放强度一直远低于中国总体碳排放强度；从隐含碳排放强度来看，2007年之前也一直低于中国总体碳排放强度。这说明，2007年以前，中国出口贸易在中国总体碳排放强度下方面发挥了积极作用。但二者差距在不断收缩，也说明出口贸易对中国低碳发展的贡献也在不断降低。2007年后，出口贸易隐含碳排放强度与中国总体碳排放强度趋于接近，甚至一度超出，如2015年出口贸易隐含碳排放强度（0.91千克/现价美元）略高于中国平均碳排放强度（0.82千克/现价美元）。

这说明出口结构以及出口贸易附加带来的技术进步等,已经滞后于中国整体产业结构调整、技术进步和节能减排的步伐。也从侧面证明,我国出口贸易转型升级势在必行,如图4-7所示。

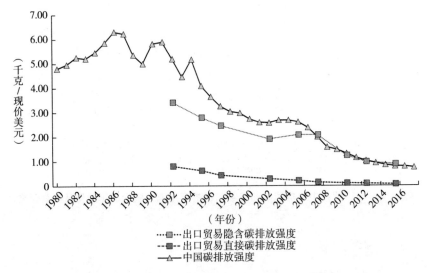

图4-7 中国出口贸易的直接碳排放强度、隐含碳排放强度与平均碳排放强度

注:(1)中国平均碳排放强度由碳排放总量与中国GDP相除得到,碳排放总量数据来自BP Statistical Review of World Energy数据库,GDP数据来自国际货币基金组织World Economic Outlook数据库;(2)由于我国自1987年才正式开始编制投入产出表,加之1990年能源统计年鉴行业分类和2000年投入产出表行业分类较为粗略,因此笔者计算结果开始于1992年,此外没有计算2000年数据。

(四)脱钩水平

1. 出口贸易碳排放总量相对于出口贸易值已实现脱钩

从碳排放总量看,2012—2015年出口贸易的直接碳排放量对出口额已经实现了绝对强脱钩,说明近几年出口贸易额在保持快速增长的同时,实现了出口贸易直接碳排放量(绝对值)的减少。此外同期出口贸易的隐含碳排放量与出口额虽仍处于相对强脱钩,但已经十分接近绝对弱脱钩(脱钩弹性系数0.04)。2012—2015年出口贸易直接碳排放量与出口额的脱钩弹性系数为-1.49,较2010—2012年的0.52,不仅实现了从相对弱脱钩关系向绝对强脱钩关系的转变,而且系数下降明显,表明近年来减排工作取得了显著成效。

进一步从直接碳排放量分析，2012—2015 年直接碳排放量出现负增长（－16.02%），较之前时期 14.68% 的正增长率，从绝对量上遏制了直接碳排放增长的趋势，降幅也较大。从隐含碳的角度分析，2012—2015 年出口贸易隐含碳排放量对出口额的脱钩弹性系数为 0.04，较 2010—2012 年（0.07）下降 0.03，表明近年来（2012—2015 年）出口贸易额增加 1% 只会导致隐含碳排放量增加 0.04%，而 2010—2012 年出口贸易额同样增加 1% 则会导致隐含碳排放量增加 0.07%，降幅十分明显，如图 4-8 所示。

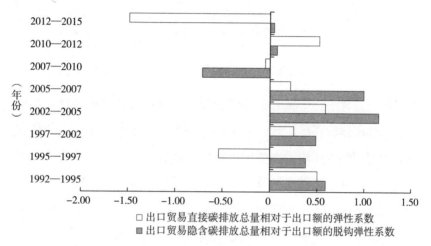

图 4-8　出口贸易直接碳、隐含碳排放总量相对于出口额的脱钩弹性系数

2. 出口贸易碳排放强度相对于出口贸易值基本实现绝对脱钩

从碳排放强度的角度看，脱钩更为显著。除了 2002—2005 年出口贸易隐含碳排放强度与出口额处于相对强脱钩，其他年份不论直接碳排放强度，还是隐含碳排放强度，均实现与出口额绝对强脱钩，这意味着中国在发展出口贸易的进程中，每产出一单位美元所排放的二氧化碳在显著下降。从碳排放强度的角度看，脱钩趋势显著增强的结论更为明显。2012—2015 年出口直接碳排放强度相对于出口贸易额的脱钩弹性系数是 －2.25%，为各时期最低值，表明中国直接碳排放强度与出口贸易额的绝对强脱钩关系达到了历史最高水平。从隐含碳排放强度考察，2012—2015 年出口隐含碳排放强度相对于出口额的脱钩弹性系数为 －0.86，较 2010—2012 年绝对弱脱钩程度进一步加深，如图 4-9 所示。

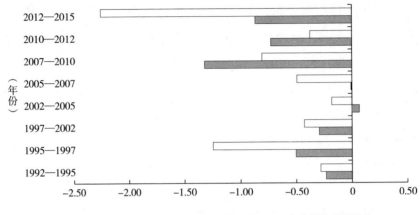

□出口贸易隐含碳排放强度对出口额的脱钩弹性系数
■出口贸易直接碳排放强度对出口额的脱钩弹性系数

图 4 – 9　出口贸易直接碳、隐含碳排放强度与出口额的脱钩弹性系数

本章研究隐含了三个重要的政策含义:一是国际贸易碳排放强度曾经远低于中国总体碳排放强度,意味着中国出口贸易曾经对促进中国总体碳排放强度的下降起到积极作用,即中国国际贸易在相当长历史时期内推动了中国环境库兹涅茨曲线向更低水平移动;二是国际贸易碳排放强度曲线和中国总体碳排放强度曲线差距不断收窄,意味着中国国际贸易对中国低碳发展的贡献作用在不断收窄;三是两条曲线在近年来已经基本重合,意味着中国已经到达了需要在国际贸易领域设立碳规制的临界点,换言之,如果目前不考虑在我国国际贸易领域设立碳壁垒,未来将可能对中国低碳发展产生阻滞作用。而具体如何在国际贸易领域设置碳规制以进一步推动中国低碳发展,还有待进一步深入研究。

CHAPTER 5

第五章

中国国际产业转移
碳排放水平测算及分析

本章研究测算了自20世纪90年代至2015年跨度约25年的中国依托外商直接投资承接国际产业转移和依托对外直接投资对外产业转移直接碳排放量、隐含碳排放量、直接碳排放强度、隐含碳排放强度和脱钩弹性系数，并从总量、结构、强度和脱钩水平四方面分析了中国国际产业转移碳排放水平的变化趋势。

一、 碳排放水平测算

（一）工业部门承接国际产业转移的碳排放水平

1. 测算方法和数据选择

研究根据投入产出法测算中国工业部门（依托 IFDI）承接国际产业转移的碳排放水平。中国承接国际产业转移可分为第一产业承接国际产业转移、第二产业承接国际产业转移和第三产业承接国际产业转移。由于目前公布设有外商投资工业企业详细数据，因此只能实值测算我国工业部门承接国际产业转移的碳排放水平，并将其视为第二产业承接国际产业转移的碳排放水平。对于第一产业和第三产业，只能估算其承接国际产业转移的碳排放水平。

测算工业部门（依托 IFDI）承接国际产业转移碳排放水平的步骤是：（1）测算工业各细分行业的碳排放量；（2）根据投入产出法计算工业各细分行业直接碳、隐含碳排放强度；（3）分别用工业各细分行业直接碳、隐含碳排放强度乘以该行业外商投资企业产值，即得该行业承接国际产业转移的直接碳、隐含碳排放量。

中国第 t 年 i 行业（依托 IFDI）承接国际产业转移的直接碳排放量（FDI_{it}）为：

$$FDI_{it} = w_{it} \cdot yield_{it}$$

其中 w_{it} 为第 t 年 i 行业直接碳排放强度，$yield_{it}$ 为 i 行业第 t 年承接国际产业转移的产值。

同理可得第 t 年 i 行业承接国际产业转移的隐含碳排放量（$\widetilde{FDI_{it}}$）：

$$\widetilde{FDI_{it}} = \widetilde{w_{it}} \cdot yield_{it}$$

其中 $\widetilde{w_{it}}$ 是隐含碳排放强度[1]。

测算主要使用两方面数据，一是按行业分组的外资工业企业产值[2]、IFDI 数据[3]；二是直接碳排放强度和隐含碳排放强度。外资工业企业产值数据来源于《中国统计年鉴》和《中国工业经济统计年鉴》公布的"按行业分组的外商投资和港澳台商投资工业产值"。选取产值数据的原因在于 FDI 不是直接对应碳排放，而是通过生产产品和服务与碳排放建立联系。"按行业分组的外商投资和港澳台商投资工业产值"来自《中国统计年鉴》，并根据美元兑人民币的年平均汇率转换了货币单位。需要注意的是：（1）2013—2017 年《中国统计年鉴》没有公布上年度"按行业分组的外商投资和港澳台商投资工业产值"，使用《中国工业经济统计年鉴》中的"工业销售产值 + 产成品（库存）"替代，二者基本没有差别。（2）2004 年数据来源于《中国经济普查年鉴2004》。（3）《中国统计年鉴》和《中国工业经济年鉴》中的工业企业统计范围，1998—2006 年指全部国有企业和年主营业务收入在 500 万元及以上的非国有工业企业，2007—2010 年为年主营业务收入在 500 万元及以上的工业企业，2011 年及以后年份为年主营业务收入在 2000 万元及以上的工业企业。（4）根据《关于进行全国投入产出调查的通知》（国办发〔1987〕18 号）的

---

① 本书在计算隐含碳排放强度时考虑了中间产品的进出口，国内生产占总生产（国内 + 国外）的比重为 $r_j = 1 - M_j/(X_j + M_j)$，其中 X_j、M_j、E_j 分别表示 j 部门总产出、进口额、出口额。

② 本书中外资企业实际为外商投资和港澳台商投资企业，下不赘述。

③ 本书中 IFDI、OFDI 均为流量。

规定，每5年（逢2、逢7年份）进行一次全国投入产出调查，编制投入产出基本表；逢0、逢5年份编制全国投入产出延长表。为求准确，本研究只测算有投入产出表及延长表的年份。

2. 测算结果

测算结果如表5－1所示。

（二）承接国际产业转移的碳排放水平

1. 测算方法和数据选择

在上一节中，研究已实值测算了中国工业部门（依托 IFDI）承接国际产业转移的碳排放水平，而要把握承接国际产业转移碳排放水平的全貌，还需分析第一产业、第三产业承接国际产业转移的碳排放水平。当前第三产业（服务业）已经成为外商直接投资的重要领域，2018年外商直接投资中服务业占比高达68.1%。由此可见，测算第一、第三产业，特别是第三产业（服务业）承接国际产业转移的碳排放水平十分必要。

以第三产业（服务业）为例，估算其承接国际产业转移直接碳排放水平的步骤如下：（1）根据服务业 IFDI 流入量 $Service_{IFDI}$ 与资本形成总额对 GDP 增长的贡献率，估算服务业 IFDI 对应的产值[①]；（2）$YieldService_{IFDI}$ 乘以服务业直接碳排放强度，得到外商投资服务业企业产值对应的直接碳排放量；（3）结合中国碳排放总量，求其占比。同理也估算第三产业承接国际产业隐含碳排放水平、第一产业承接国际产业转移的直接碳、隐含碳排放水平。对第一、第二、第三产业加总，得到中国（依托 IFDI）承接国际产业转移整体的碳排放水平。

2. 测算结果

测算结果如表5－2、表5－3所示。

---

① 此方法隐含外商投资都在当年按照"资本形成总额对 GDP 的贡献率"的比例转化为产值的假设。

表5-1 中国工业部门（依托 IFDI）承接国际产业转移的分行业直接碳、隐含碳排放量

（单位：百万吨）

行业	1995		1997		2002		2005		2007		2010		2012		2015	
	直接碳	隐含碳	直接碳	隐含碳	直接碳	隐含碳	直接碳	隐含碳	直接碳	隐含碳	直接碳	隐含碳	直接碳	隐含碳	直接碳	隐含碳
煤炭、非金属矿和其他矿采选业	0.25	1.01	0.24	0.69	0.36	0.96	1.24	3.62	2.17	6.58	4.43	15.46	7.35	22.74	3.40	19.34
石油和天然气开采业、石油和炼焦产品、核燃料加工业	2.39	3.43	7.35	9.75	12.57	19.93	20.98	40.19	25.19	92.51	31.14	76.79	31.79	76.57	30.00	71.93
金属矿采选业	0.02	0.16	0.03	0.29	0.04	0.32	0.17	2.26	0.18	4.56	0.68	8.50	0.63	8.41	0.92	14.90
食品制造及烟草加工业	7.27	34.70	6.96	30.65	9.37	36.10	11.57	68.11	12.76	118.41	23.28	136.75	22.88	146.63	15.41	114.50
纺织业	4.61	32.32	3.18	19.36	4.90	30.03	7.53	63.46	7.21	97.73	8.97	84.71	6.24	74.16	3.95	58.26
服装皮革羽绒及其他纤维制品制造业	1.17	43.39	1.07	26.53	2.06	39.74	2.64	63.81	2.78	108.01	3.97	101.87	3.86	115.67	2.37	89.60
木材加工及家具制造业	0.86	10.06	0.69	7.64	0.71	10.25	1.79	25.87	1.49	39.04	2.22	40.67	1.86	35.84	1.26	33.18
造纸印刷及文教用品制造业	3.32	19.89	3.77	18.38	6.37	29.05	10.13	61.51	11.00	93.77	15.72	97.27	15.29	133.18	9.16	136.60
化学工业	33.28	85.74	30.42	77.04	46.22	126.11	74.93	292.29	96.10	490.16	153.61	515.44	161.28	585.07	162.77	596.01
非金属矿物制品业	15.56	25.82	12.99	21.07	33.83	29.85	39.59	60.71	49.62	97.12	69.47	119.78	74.61	126.32	54.24	112.85
金属冶炼及压延加工业	18.83	32.74	16.20	23.22	22.21	34.37	107.15	157.44	124.38	300.74	188.39	296.08	193.73	322.88	168.00	328.45
金属制品业	1.66	34.53	1.31	37.07	2.46	48.78	2.48	94.75	2.68	156.72	3.37	157.61	3.57	161.48	2.50	159.86
机械工业	2.57	28.25	2.60	25.69	3.10	45.42	6.38	138.11	8.45	246.63	12.50	297.27	11.19	300.82	8.61	282.86

续表

行业	1995 直接碳	1995 隐含碳	1997 直接碳	1997 隐含碳	2002 直接碳	2002 隐含碳	2005 直接碳	2005 隐含碳	2007 直接碳	2007 隐含碳	2010 直接碳	2010 隐含碳	2012 直接碳	2012 隐含碳	2015 直接碳	2015 隐含碳
交通运输设备制造业	3.11	37.32	2.53	36.96	4.35	67.00	7.25	182.13	7.73	338.31	10.55	444.75	10.92	416.93	9.26	472.98
电气机械及器材制造业	1.25	39.06	1.15	44.56	1.71	61.86	2.13	160.48	2.37	300.03	3.88	319.24	3.25	329.00	1.99	327.62
电子及通信设备、仪器仪表及文化办公用品制造业	0.65	69.99	2.48	78.71	3.98	165.78	5.21	472.13	5.62	840.76	6.57	628.78	4.67	601.31	3.74	559.02
机械设备修理业和其他制造业	4.33	10.85	1.12	9.20	0.00	0.00	1.41	18.18	1.36	31.81	0.44	22.70	0.21	4.59	0.45	12.64
废品及废料回收加工业	0.00	0.00	0.00	0.00	0.00	0.00	0.02	0.00	0.01	0.50	0.00	0.00	0.24	2.76	0.20	7.35
电力、热力的生产和供应业	119.05	514.32	153.18	17.82	218.51	122.32	221.86	52.25	207.35	152.26	211.30	139.27	246.15	145.73	205.56	157.47
燃气的生产和供应业	0.02	0.19	0.20	0.27	1.04	2.18	1.56	4.80	2.47	11.83	0.95	14.22	0.81	18.55	0.89	33.40
自来水的生产和供应业	0.00	0.01	0.00	0.05	0.02	0.69	0.05	2.47	0.09	5.15	0.09	6.78	0.09	5.88	0.05	7.08
中国工业部门国际产业转移碳排放量总计（依托 IFDI）	220.21	523.78	247.44	484.95	373.80	770.80	526.09	1 964.56	571.05	3 532.62	751.52	3 523.94	800.62	3 634.53	684.73	3 595.90
中国工业部门承接国际产业转移的碳排放强度（千克/美元）（依托 IFDI）	1.72	4.08	1.44	2.82	0.95	1.97	0.54	2.02	0.34	2.11	0.27	1.26	0.22	1.01	0.17	0.88

表 5-2 中国（依托 IFDI）承接国际产业转移的直接碳排放水平

行业	1995	1997	2002	2005	2007	2010	2012	2015
外商投资工业企业直接碳排放量（百万吨）	220.21	247.44	373.80	526.09	571.05	751.52	800.62	684.73
外商投资农业和服务业直接碳排放量（百万吨）	36.35*	40.85	5.14	7.85	7.28	6.67	10.45	11.21
外商投资企业直接碳排放量合计（百万吨）	256.56*	288.29	378.94	533.94	578.33	758.19	811.07	695.94
外商投资工业企业产值（亿美元）	1282.99	1718.17	3921.66	9746.56	16778.26	28050.99	36145.79	40845.97
外商投资农业和服务业企业产值*（亿美元）	447.58*	599.40	220.46	472.45	723.51	782.43	1365.40	1987.30
外商投资企业产值合计（亿美元）	1730.57*	2317.57	4142.12	10219.01	17501.77	28833.42	37511.19	42833.27
中国工业部门（依托 IFDI）承接国际产业转移的直接碳排放强度（千克/现价美元）	1.72	1.44	0.95	0.54	0.34	0.27	0.22	0.17
中国（依托 IFDI）承接国际产业农业和服务业直接碳排放强度（千克/现价美元）	1.48*	1.24	0.91	0.52	0.33	0.26	0.22	0.16

注：（1）外商投资工业企业产值数据来自《中国统计年鉴》《中国工业经济年鉴》以及《中国经济普查年鉴》；（2）外商投资农业和服务业企业产值根据国家统计局"外商直接投资（实际使用金额）分行业数据"和"资本形成总额对 GDP 的贡献率"估算，（3）外商直接碳排放分行业数据自 1997 年起，1995 年外商投资一二三产业不可得，用"—"表示；（4）1995 年数据根据 1997 年"工业直接碳排放量/农业和服务业直接碳排放量"标识数据中"＊"估算，外商投资农业和服务业企业产值也为估算结果。

表 5 - 3　中国（依托 IFDI）承接国际产业转移的隐含碳排放水平

行业	1995	1997	2002	2005	2007	2010	2012	2015
外商投资工业企业隐含碳排放量（百万吨）	523.78	484.95	770.80	1964.56	3532.62	3523.94	3634.53	3595.90
外商投资农业和服务业隐含碳排放量（百万吨）	112.75*	104.39	23.71	49.61	66.88	40.79	52.64	60.96
外商投资企业隐含碳排放量合计（百万吨）	636.53*	589.34	794.51	2014.17	3599.50	3564.73	3687.18	3656.87
外商投资工业企业产值（亿美元）	1282.99	1718.17	3921.66	9746.56	16778.26	28050.99	36145.79	40845.97
外商投资农业和服务业企业产值*（亿美元）	447.58*	599.40	220.46	472.45	723.51	782.43	1365.40	1987.30
外商投资企业产值合计（亿美元）	1730.57*	2317.57	4142.12	10219.01	17501.77	28833.42	37511.19	42833.27
中国工业部门（依托 IFDI）承接国际产业转移的直接碳排放强度（千克/现价美元）	4.08	2.82	1.97	2.02	2.11	1.26	1.01	0.88
中国（依托 IFDI）承接国际产业转移的隐含碳排放强度（千克/现价美元）	3.68*	2.54	1.92	1.97	2.06	1.24	0.98	0.85

注：(1) 外商投资工业企业产值数据来自《中国统计年鉴》《中国工业经济年鉴》以及《中国经济年鉴》；(2) 外商投资农业和服务业企业产值根据国家统计局"外商直接投资（实际使用金额）分行业数据"和"资本形成总额对 GDP 的贡献率"估算；(3) 外商直接投资分行业数据自 1997 年起，1995 年外商投资一、二、三产业不可得，用"—"表示；(4) 1995 年数据根据 1997 年工业直接碳排放量、外商投资农业和服务业企业产值也为估算结果。

（三）对外产业转移的碳排放水平

由于中国各行业对外直接投资企业在当地生产经营的产值资料很难搜集，目前几乎没有测算中国对外产业转移的碳排放量以及排放强度的文献。本文通过两种方法估算，以便较全面、准确地反映我国对外产业转移的碳排放水平。其中本国替代法假定同等数额的直接投资没有投向国外（含中国港澳台地区），测算由国内生产将会产生的碳排放，该方法着重中国 OFDI 碳排放的行业分布。而承接国筛选法侧重于中国 OFDI 碳排放的区域分布，二者互为印证和补充。

1. 本国替代法测算方法和结果

估算步骤是：（1）根据资本形成总额占 GDP 的百分比，估算同期中国对外投资若投到国内对应行业所产生的产值；（2）产值分别乘以该行业直接碳、隐含碳排放强度，得到（依托 OFDI）对外产业转移各行业的直接碳、隐含碳排放量。

中国第 t 年 i 行业对外直接投资的直接碳排放量（$invCO_{2it}$）计算公式为：

$$invCO_{2it} = w_{it} \cdot \frac{inv_{it}}{Contribution_{capital(t)}}$$

其中 w_{it} 表示中国第 t 年 i 行业的直接碳排放强度，inv_{it} 是中国第 t 年 i 行业对外直接投资金额，$Contribution_{capital(t)}$ 为第 t 年中国资本形成总额占 GDP 的百分比。

同理可得中国第 t 年 i 行业对外直接投资的隐含碳排放量：

$$\widetilde{invCO_{2it}} = \widetilde{w_{it}} \cdot \frac{inv_{it}}{Contribution_{capital(t)}}$$

其中 $\widetilde{w_{it}}$ 表示第 t 年 i 行业调整后的隐含碳排放强度。

对第 t 年分行业直接碳排放量加总，可得当年中国 OFDI 的直接碳排放总量：

$$invCO_{2t} = \sum_{i=1}^{26} invCO_{2it}$$

第 t 年中国 OFDI 的隐含碳排放总量也可用类似方法得到。

中国资本形成总额占 GDP 的百分比来自世界银行数据库，对外直接投资数据来源于历年《中国对外直接投资统计公报》，各行业直接碳、隐含碳排放强度由本文计算得到，如表 5 - 4 所示。

表 5 - 4　中国（依托 OFDI）对外产业转移的直接碳排放量、隐含碳排放水平

年份	产值（虚拟值）（亿美元）	直接碳			隐含碳		
		排放量（百万吨）	占比（%）	强度（千克/现价美元）	排放量（百万吨）	占比（%）	强度（千克/现价美元）
2005	296.23	7.75	0.15	0.26	28.27	0.54	0.95
2007	638.94	16.89	0.27	0.26	63.09	1.02	0.99
2010	1442.06	23.91	0.29	0.17	58.79	0.71	0.41
2012	1852.74	27.27	0.29	0.15	80.50	0.87	0.43
2015	3194.22	29.43	0.31	0.09	105.01	1.12	0.33

注：由于本书只计算公布投入产出表年份的数据，加之《中国对外直接投资统计公报》是 2003 年开始公布，因此从 2005 年开始计算。

2. 承接国筛选法测算方法和结果

依据中国主要 OFDI 承接国的碳排放强度和资本形成总额占 GDP 的百分比进行估算，步骤是：（1）根据中国对各大洲直接投资流量、该洲主要 OFDI 承接国资本形成总额占 GDP 的百分比，估算中国对外直接投资的产值（分大洲）；（2）产值乘以相应大洲的碳排放强度（以该洲主要 OFDI 承接国的碳排放强度替代），得到中国对该大洲直接投资产生的碳排放量。

具体计算公式为：

$$CO_{2\,Iinv} = \sum_{I=1}^{6} \frac{InvestmentAbroad_I}{Contribution_{capital(I)}} \cdot CarbonIntensity_I$$

其中 $CO_{2\,Iinv}$ 为中国对 I 大洲直接投资所产生的碳排放量，$InvestmentAbroad_I$ 为中国对 I 大洲直接投资额，$Contribution_{capital(I)}$ 是 I 大洲主要 OFDI 承接国资本形成总额占 GDP 的百分比，$CarbonIntensity_I$ 是 I 大洲主要直接 OFDI 承接国的碳排放强度[①]。

---

① 碳排放强度数据根据碳排放总量与 GDP 数据得到，碳排放总量数据来自 BP Statistical Review of World Energy 数据库，GDP 总量数据来自国际货币基金组织 World Economic Outlook 数据库。对外直接投资数据来源于 Wind。资本形成总额对国内生产总值的贡献率来源于国家统计局。

需要明确的是，由于对外直接投资在“避税天堂”几乎没有实际生产经营活动，所以相应碳排放就无从谈起，基于此，本文剔除中国对外直接投资的主要避税地，只考察产生实际生产经营活动的对外直接投资的碳排放水平。本文结合 OECD 的避税地认定标准（不课税或仅存在名义税收；与其他国家和地区缺乏有效的信息交换；缺乏透明度；没有实质性经营活动的要求）、2017 年 12 月 5 日欧盟公布的避税地“黑名单”① 以及我国国情，剔除以下避税地：马绍尔群岛、帕劳、萨摩亚、纳米比亚、突尼斯、巴林、蒙古、巴巴多斯、巴拿马、中国澳门、英属维尔京群岛、格林纳达、开曼群岛。

根据避税地名单进行调整，公式为：

$$investmentabroad_{I(adjusted)} = investmentabroad_I - taxheaven_I$$

其中，$investmentabroad_{I(adjusted)}$ 表示中国对 I 大洲实际生产经营活动的直接投资额，$investmentabroad_I$ 是中国对 I 大洲的直接投资额总额，$taxheaven_I$ 表示中国对 I 大洲避税地的直接投资额。

调整后得到中国对外直接投资（实际生产经营活动）的分大洲情况，并据此选择代表性的国家（地区）。中国在亚洲的直接投资一直占有较高的比重。其中尤以对中国香港的投资占比最高，商务部《2016 年度中国对外直接投资公报》显示，2016 年中国内地对香港地区的投资流量超过千亿美元（1142.33 亿美元），占当年中国对外直接投资总额的六成，而从存量看，截至 2016 年末，内地对我国香港地区的投资存量占亚洲投资总存量的 85.8%，因此选择中国香港作为中国对亚洲直接投资的代表地区。但由于世界银行公布的香港碳排放量自 2014 年起不再更新，无法计算之后年份香港的碳排放强度，因此选择与香港比较接近的日本碳排放强度替代。同理，依据《中国对外直接投资公报》等资料，选取以下代表性国家或组织作为各洲代表：欧盟（欧洲）、巴西（拉丁美洲）、美国（北美洲）、澳大利亚（大洋洲）、南非（非洲），如表 5-5、表 5-6 所示。

---

① 美属萨摩亚、巴林、巴巴多斯、格林纳达、关岛、韩国、中国澳门、马绍尔群岛、蒙古、纳米比亚、帕劳、巴拿马、圣卢西亚、萨摩亚、特立尼达和多巴哥、突尼斯、阿拉伯联合酋长国。

表5-5　中国在各大洲的对外直接投资额占中国对外直接投资总额的比重
（剔除避税地后）（％）

年份	亚洲	欧洲	拉丁美洲	北美洲	大洋洲	非洲
2005	31.16	16.91	45.49	2.26	1.43	2.76
2007	62.36	5.88	18.66	4.29	2.81	6.00
2010	65.22	9.89	15.38	3.83	2.60	3.08
2012	73.57	8.10	7.11	5.62	2.73	2.87
2015	74.25	4.93	8.71	7.42	2.65	2.04

注：中国对外直接投资包含对我国香港、台湾地区的投资；对外直接投资分大洲数据、对避税地直接投资数据均来自 Wind 数据库。

表5-6　中国（依托 OFDI）对外产业转移的碳排放水平（承接国筛选法）

年份	产值（虚拟值）（亿美元）	排放量（百万吨）	占比（％）	碳排放强度（千克/现价美元）
2005	709.02	26.33	0.50	0.37
2007	1134.64	40.13	0.65	0.35
2010	3227.76	80.20	0.97	0.25
2012	3918.66	95.00	1.02	0.24
2015	6341.35	187.19	1.99	0.30

（四）参与国际产业转移的净碳排放水平

1. 测算方法

净碳排放公式为：

净碳排放量 = 承接国际产业转移的碳排放量 - 对外产业转移的碳排放量

若结果为正，即一国承接国际产业转移的碳排放量高于对外产业转移的碳排放量，表明该国是碳转移接受国，参与国际产业转移加剧了其碳排放水平的恶化。反之表明该国是碳转移输出国，参与国际产业转移改善了其环境质量。由于采用了两种方法测算中国对外产业转移的碳排放量，因此净碳排放量也有两种口径。

2. 测算结果

中国参与国际产业转移的净碳排放测算结果如表 5-7 所示。

表 5-7 中国（依托 FDI）参与国际产业转移的净碳排放量

年份	净碳排放量（本国替代法）		净碳排放量（承接国筛选法）	
	直接碳（百万吨）	隐含碳（百万吨）	直接碳（百万吨）	隐含碳（百万吨）
2005	524.25	794.25	518.4	1998.63
2007	562.45	2013.91	557.61	3578.78
2010	740.98	3599.33	732.88	3539.42
2012	781.29	3564.58	763.23	3639.34
2015	663.68	3687.09	593.89	3554.82

注：承接国筛选法下测算得到的中国（依托 OFDI）对外产业转移的碳排放量并无直接碳、隐含碳之分，为便于比较，假定测算结果分为直接碳、隐含碳，直接碳排放量、隐含碳排放量都等于测算所得碳排放量。

（五）承接国际产业转移的碳排放水平相对于外商直接投资的脱钩程度

1. 脱钩指标构建

承接国际产业转移碳排放脱钩实质是指中国（依托 IFDI）承接国际产业转移的碳排放水平与 IFDI 之间联系不断弱化直至消失的过程。脱钩方向和程度可用脱钩弹性系数 e 定量表示，若碳排放量对 GDP 的脱钩弹性系数为 $e(C, GDP)$，其计算公式为：

$$e(C, GDP) = \frac{\Delta C/C}{\Delta GDP/GDP}$$

式中 $\Delta C/C$ 表示碳排放变动的百分比，$\Delta GDP/GDP$ 表示 GDP 总量变动的百分比。

仿照上式，可得中国承接国际产业转移的直接碳排放量相对于 IFDI 流入量的脱钩弹性系数：

$$e(CO_2, IFDI) = \frac{\Delta CO_2/CO_2}{\Delta IFDI/IFDI}$$

其中 $\Delta CO_2/CO_2$ 表示中国（依托 IFDI）承接国际产业转移直接碳排放量

变动的百分比，$\Delta IFDI/IFDI$ 表示 IFDI 流入量变动的百分比。同理可构建脱钩弹性系数各项指标，如表 5 - 8 所示。

表 5 - 8　脱钩弹性系数各项指标

名称	计算公式	含义	变量解释
$e(CO_2, IFDI)$	$e(CO_2, IFDI)$ $= \dfrac{\Delta CO_2/CO_2}{\Delta IFDI/IFDI}$	（依托 IFDI）承接国际产业转移的直接碳排放量相对于 IFDI 的脱钩系数	ΔCO_2 表示（依托 IFDI）承接国际产业转移的直接碳排放量，IFDI 为外商直接投资流入量
$e(\widetilde{CO_2}, IFDI)$	$e(\widetilde{CO_2}, IFDI) =$ $\dfrac{\widetilde{\Delta CO_2}/\widetilde{CO_2}}{\Delta IFDI/IFDI}$	（依托 IFDI）承接国际产业转移的隐含碳排放量相对于 IFDI 的脱钩系数	$\widetilde{\Delta CO_2}$ 表示（依托 IFDI）承接国际产业转移的隐含碳排放量
$e(W_t, IFDI)$	$e(W_t, IFDI) =$ $\dfrac{\Delta W_t/W_t}{\Delta IFDI/IFDI}$	（依托 IFDI）承接国际产业转移的直接碳排放强度相对于 IFDI 的弹性系数	ΔW_t 表示（依托 IFDI）承接国际产业转移的直接碳排放强度
$e(\widetilde{W_t}, IFDI)$	$e(\widetilde{W_t}, IFDI) =$ $\dfrac{\Delta \widetilde{W_t}/\widetilde{W_t}}{\Delta IFDI/IFDI}$	（依托 IFDI）承接国际产业转移的隐含碳排放强度相对于 IFDI 的弹性系数	$\Delta \widetilde{W_t}$ 表示（依托 IFDI）承接国际产业转移的隐含碳排放强度

同样借鉴并改进 Tapio 的脱钩模型（Tapio P，2005），根据脱钩弹性系数的正负和大小，构建不同的脱钩模型，如表 5 - 9 所示。

表 5 - 9　脱钩模型

脱钩状态	脱钩弹性 e	ΔC	$\Delta IFDI$
绝对强脱钩	$e \leqslant -1$	< 0	> 0
绝对弱脱钩	$-1 < e \leqslant 0$	< 0	> 0
相对强脱钩	$0 < e \leqslant 0.5$	> 0	> 0
相对弱脱钩	$0.5 < e \leqslant 1$	> 0	> 0
负脱钩	$e > 1$	> 0	> 0

2. 脱钩系数测算与脱钩状态

中国承接国际产业转移碳排放总量和碳排放强度相对于商直接投资的脱钩弹性系数及状态测算结果如表 5 – 10、表 5 – 11 所示。

表 5 – 10　中国（依托 IFDI）承接国际产业转移碳排放总量相对于 IFDI 的脱钩状态

时期	ΔCO_2 （%）	$\widetilde{\Delta CO_2}$ （%）	$\Delta IFDI$ （%）	$e(\Delta CO_2,$ $\Delta IFDI)$	$e(\widetilde{\Delta CO_2},$ $IFDI)$	脱钩状态 （ΔCO_2）	脱钩状态 （$\widetilde{\Delta CO_2}$）
1997—2002	31.44	34.81	16.54	1.90	2.10	负脱钩	负脱钩
2002—2005	40.90	153.51	37.28	1.10	4.12	负脱钩	负脱钩
2005—2007	8.31	78.71	15.35	0.54	5.13	相对弱脱钩	负脱钩
2007—2010	31.10	− 0.97	37.37	0.83	− 0.03	相对弱脱钩	绝对弱脱钩
2010—2012	6.97	3.43	5.53	1.26	0.62	负脱钩	相对弱脱钩
2012—2015	− 14.19	− 0.82	12.00	− 1.18	− 0.07	绝对强脱钩	绝对弱脱钩

表 5 – 11　中国（依托 IFDI）承接国际产业转移的碳排放强度相对于 IFDI 的脱钩状态

时期	w_t	$\widetilde{w_t}$	$\Delta IFDI$	$e(w_t,$ $\Delta IFDI)$	$e(\widetilde{w_t},$ $\Delta IFDI)$	脱钩状态 （w_t）	脱钩状态 （$\widetilde{w_t}$）
1997—2002	− 26.61	− 24.57	16.54	− 1.61	− 1.49	绝对强脱钩	绝对强脱钩
2002—2005	− 42.86	2.76	37.28	− 1.15	0.07	绝对强脱钩	相对强脱钩
2005—2007	− 36.54	4.35	15.35	− 2.38	0.28	绝对强脱钩	相对强脱钩
2007—2010	− 21.21	− 39.89	37.37	− 0.57	− 1.07	绝对弱脱钩	绝对强脱钩
2010—2012	− 15.38	− 20.49	5.53	− 2.78	− 3.71	绝对强脱钩	绝对强脱钩
2012—2015	− 27.27	− 13.15	12.00	− 2.27	− 1.10	绝对强脱钩	绝对强脱钩

二、 测算结果变化趋势分析

（一） 碳排放总量

1. 承接国际产业转移碳排放量近年趋于平稳

在 20 年的时间跨度中，从总量来看，中国（依托 IFDI）承接国际产业转移所产生的直接碳排放总量呈缓慢上升趋势：直接碳排放总量在 1995 年约 2.2 亿吨，2012 年达到历史峰值约 8 亿吨，2015 年略有下降。隐含碳排放总量则呈现在前期相对平稳中期急剧攀升而后期又趋于平稳的趋势：1995 年约 5.2 亿吨，且 2002 年以前增长相对缓慢；2002—2007 年，隐含碳排放总量呈迅速上升趋势，并于 2007 年达到峰值约 36 亿吨，相对于 1995 年增长了六倍，这与中国承接第四次国际产业转移，外商直接投资额度迅速增加有关，也与承接大量高碳和低端产业有关；2007 年后，隐含碳排放总量基本保持平稳，没有较大波动。从占比来看，直接碳排放总量占中国碳排放总量比重的变化相对缓和、先升后降，基本在 8% ~ 10% 区间内浮动。而隐含碳排放总量占比则呈现先急剧上升而后下降再到趋于平稳的较为明显的变化趋势：1997—2007 年的 10 年间，占比从约 18% 急剧攀升至历史峰值 58%；之后隐含碳排放总量占比又急剧下降，至 2010 年后逐步趋于平稳并略有下降，2015 年回落至 39% 附近，如图 5 – 1 所示。

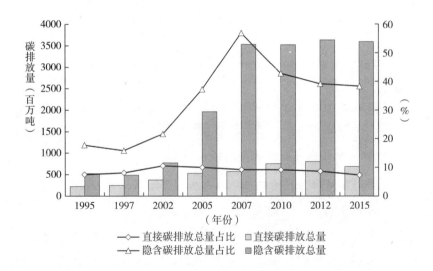

图 5 – 1　中国（依托 IFDI）承接国际产业转移的直接碳、隐含碳排放总量及其占
当年中国碳排放总量比重

2. 对外产业转移碳排放量总体呈上升趋势

中国（依托 OFDI）对外产业转移产生的碳排放总量，无论以本国替代法

还是承接国筛选法进行估算，直接和间接碳排放总量总体上均呈上升趋势。基于本国替代法的估算结果，在2010年出现较为明显的低值，其隐含碳排放总量在2010年后平稳上升，但基于承接国筛选法所得碳排放量在2012—2015年呈现快速上升态势。此外，与（依托IFDI）承接国际产业转移产生的碳排放总量相比，中国（依托OFDI）对外产业转移产生的碳排放总量微乎其微，约为其1/30~1/70，如图5－2所示。

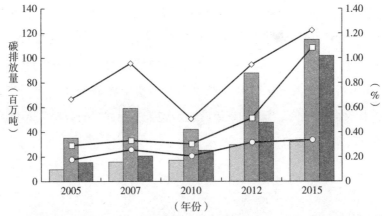

图5－2　中国（依托OFDI）对外产业转移的碳排放总量及其占中国碳排放总量的比重

3. 国际产业转移碳转移规模已得到有效控制

由于总量差距悬殊，基于两种估算方法测算的（依托OFDI）对外产业转移产生的碳排放总量，对中国（依托FDI）参与国际产业转移的净碳排放总量几乎没有太大影响。净碳排放测算结果显示，中国在国际产业转移中确实迅速成为世界碳排放转移的承接大国，但近年来伴随输入性碳排放总量趋于平稳下降，输出性碳排放总量快速上升，净碳排放也就是碳转移的总量已得到有效控制，如图5－3所示。

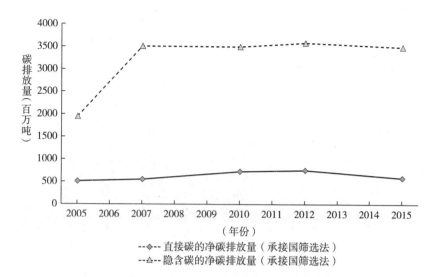

图 5 - 3　中国承接国际产业转移直接碳、隐含碳的净碳排放量

注：由于承接国筛选法和本国替代法结果十分接近，只给出承接国筛选法下承接国际产业换衣直接碳、隐含碳的净碳排放量变化图。

（二）碳排放结构

1. 承接国际产业转移产生的直接碳排放行业高度集中

从直接碳排放角度看，中国（依托 IFDI）承接国际产业转移产生的碳排放主要集中在工业部门，其中电力热力的生产和供应业、化学工业、金属冶炼及压延加工业、非金属矿物制品业四行业直接碳排放量占（依托 IFDI）承接国际产业转移产生的直接碳排放总量的 80% 以上。其中电力热力的生产及供应业高居榜首，原因是该行业自身碳排放强度很高，但其自 2002 年起呈明显下降趋势，这与 IFDI 结构变化有关，如图 5 - 4 所示。

2. 承接国际产业转移隐含碳排放行业结构相对均衡

从隐含碳排放角度看，前四位行业分别是化学工业，交通运输设备制造业，电气机械，及器材制造业，电子及通信设备、仪器仪表及文化办公用品制造业，总占比 40% ~60%。其中占比最高的是电子及通信设备、仪器仪表及文化办公用品制造业在 2005 年达到 24.03%，而后逐步下降；化学工业占比先降后升；交通运输设备制造业、电气机械及器材制造业都呈缓慢上升趋势，如图 5 -5 所示。

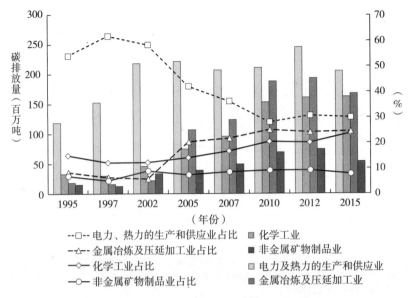

图 5-4　中国（依托 IFDI）承接国际产业转移直接碳排放量 TOP4 行业

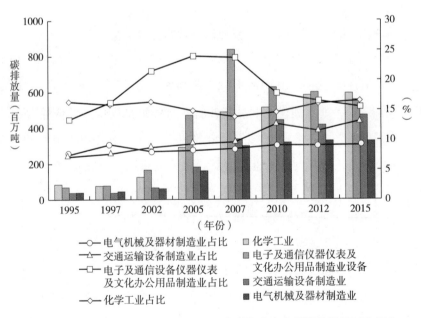

图 5-5　中国（依托 IFDI）承接国际产业转移隐含碳排放量 TOP4 行业

（三）碳排放强度

1. 承接国际产业转移促进了中国总体碳排放强度下降

碳排放强度是反映碳排放经济效率的重要指标。虽然 20 世纪 90 年代以来，我国（依托 IFDI）承接国际产业转移产生的碳排放总量明显扩大，但其直接碳排放强度一直远低于中国总体碳排放强度，在相当长时期内其隐含碳排放强度也一直低于中国平均碳排放强度。从总体来看，国际产业转移的技术溢出效应及其对我国产业结构的影响，在我国承接国际产业转移初期，曾显著促进了中国总体碳排放强度的下降，如图 5-6 所示。

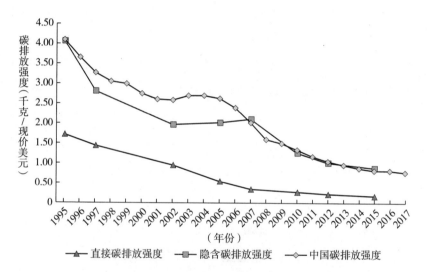

**图 5-6 中国（依托 IFDI）承接国际产业转移的直接碳、
隐含碳排放强度与中国碳排放强度**

注：中国单位 GDP 的碳排放强度由碳排放总量与中国 GDP 相除得到，碳排放总量数据来自 BP Statistical Review of World Energy 数据库，GDP 数据来自国际货币基金组织 World Economic Outlook 数据库。

2. 近年来国际产业转移对中国低碳发展贡献逐步收窄

也可以看到，2007 年以前不论是从直接碳还是隐含碳衡量，中国（依托 IF-DI）承接国际产业转移的排放强度与中国总体碳排放强度的差距相对明显，换言之，其对于促进总体碳排放强度下降的作用较大。而 2007 年后，直接碳排放强度与中国总体碳排放强度差距逐步收窄，隐含碳排放强度也与中国总体碳排放强度变化曲线基本重合,甚至在 2007 年出现反超。这表明,伴随中国发展模式的转变和中外技术差距的缩小,国际产业转移对于降低中国总体碳排放强度的边际效应不断减弱,对中国低碳发展的贡献也在逐步收窄,如图 5 - 6 所示。

(四)脱钩水平

1. 承接国际产业转移的碳排放量对外商直接投资逐步脱钩

从碳排放总量来看,2007 年以前,碳排放总量增长率长期快于 IFDI 总量增长率,脱钩弹性系数大于 1,呈"负脱钩"趋势。其中,隐含碳排放总量"负脱钩"趋势尤其明显,2005—2007 年期间负脱钩弹性系数高达 5.1,即碳排放总量增长率是 IFDI 总量增长率的 5 倍之多;2007—2012 年,无论直接还是隐含碳排放总量都已实现"相对脱钩",即碳排放总量虽然依然处于增长状态,但其增长率慢于 IFDI 总量增长率;2012 年后,碳排放总量与 IFDI 实现了"绝对脱钩",即直接和隐含碳排放总量均实现负增长,如图 5 - 7 所示。

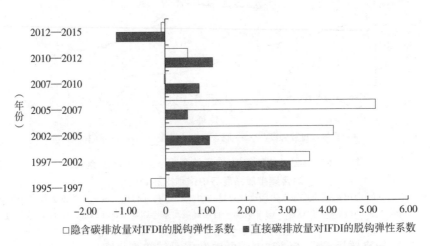

图 5 - 7 中国(依托 IFDI)承接国际产业转移的直接碳、隐含碳排放量对 IFDI 的脱钩弹性系数

2. 承接国际产业转移的碳排放强度相对于外商直接投资绝对脱钩

从碳排放强度来看,其脱钩趋势变化呈波动状态,但无论是直接还是间接碳排放强度都与 IFDI 呈"脱钩"状态,且除 2002—2007 年隐含碳排放强度与 IFDI 为"相对脱钩",其他时段均为"绝对脱钩",即碳排放强度均呈下降趋势;2010—2012 年,碳排放强度对 IFDI 绝对脱钩程度最高,即碳排放强度负增长率是 IFDI 增长率的 3 倍之多,如图 5 - 8 所示。

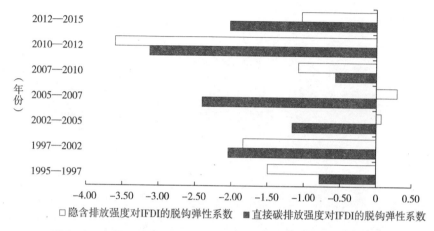

图 5 - 8　中国(依托 IFDI)承接国际产业转移的直接碳、隐含碳
排放强度对 IFDI 的脱钩弹性系数

　　总体而言,中国(依托 IFDI)承接国际产业转移产生的碳排放总量和碳排放强度对 IFDI 的脱钩程度都在不断增强。一方面是我国承接国际产业转移的同时也积极吸纳国外先进技术;另一方面得益于外商投资结构的优化,表现为跨国企业在我国高技术制造业和高技术服务业的投资不断加大。此外,碳排放水平脱钩也与我国转变发展方式、积极应对气候变化、在环境保护领域顶层制度设计和监管不断完善有关。

　　本章研究隐含着三个重要的政策含义:一是中国(依托 IFDI)承接国际产业转移曾对促进中国总体碳排放强度(环境库兹涅茨曲线)下降起到积极作用;二是近年来外商直接投资对于中国低碳发展的贡献作用不断收窄;三是鉴于中国(依托 IFDI)承接国际产业转移碳排放强度已与平均碳排放强度曲线基本拟合甚至出现反超,意味着中国已到达需要在外商投资领域设立碳规制的临界点。而中国如何在未来抓住全球价值链重构机遇,在深度参与国际产业转移中实施低碳发展战略,以实际行动引领全球气候治理,并具体如何在产业转移领域设置碳规制以进一步推动中国低碳发展,还有待进一步深入研究。

CHAPTER 6

第六章

中国国际经济循环
碳排放水平测算及分析

本章研究根据以上测算所得的中国国际贸易和产业转移碳排放水平，继续探讨中国国际经济循环的总体碳排放水平。如第三章总体测算思路所述，国际贸易和产业转移是存在交集的，其碳排放的交集即为外资企业①用于出口（外需）所产生的碳排放②。而国际贸易和产业转移所产生碳排放的并集，即可以表征中国国际经济循环的碳排放水平。基于并集的测算结果，可以继续探讨中国国际经济循环碳排放水平的演变趋势及其对于中国总体碳排放的影响。

一、 碳排放水平测算

（一） 交集测算——外资用于出口（外需）的碳排放水平

1. 测算方法

　　测算外资企业用于出口（外需）的碳排放量，主要用到两方面数据，一是外资企业直接碳、隐含碳的排放强度；二是分行业外资企业出口额。外资企业直接碳、隐含碳的排放强度用中国各行业碳排放强度代替。对于分行业外资企业出口额，由于没有直接数据，需根据分行业外资企业出口交货值间接测算。此外，由于目前缺少农业和服务业领域外资企业相关统计数据，加之农业、服务业碳排放强度较低，因此只测算外资工业企业碳排放量，并将其近似视为全部外资企业的碳排放量。以外资企业出口贸易的直接碳排放量

---

　　① 本节所指外资企业既包括外商投资企业，也包括港澳台投资企业。

　　② 由于进口贸易和（依托 OFDI）对外产业转移的碳排放均为虚值测算，因此，在本节计算中，暂将两者忽略，以出口贸易和（依托 IFDI）承接产业转移的碳排放来计算国际经济循环碳排放水平。

的测算为例，具体步骤是：（1）计算分行业外资工业企业出口交货值对应的直接碳排放量；（2）根据外资工业企业总出口额与总出口交货值的比，折算得到分行业外资工业企业出口贸易的直接碳排放量；（3）加总得到外资企业出口贸易直接碳排放量。

分行业外资工业企业出口交货值来自《中国工业经济统计年鉴》，各行业碳排放强度、服务贸易和货物贸易直接碳、隐含碳排放量的比例采用本研究所得结果。受年鉴统计科目调整变化影响，缺少 1992—2001 年外资工业企业出口交货值，因此只测算 2002 年及之后年份外资工业企业出口交货值对应的碳排放量，进而得到外资企业出口额对应的碳排放量，再根据 2002 年与更早年份外资企业出口额的比例推算 1992 年[①]、1995 年、1997 年外资企业用于出口的碳排放量。

测算 i 行业外资企业出口贸易的直接碳排放量（$FEX\,direct_i$）的公式为：

$$FEX\,direct_i = w_i \cdot FJH_i \cdot FEX/FJH$$

其中，w_i 为 i 行业直接碳排放强度；FJH_i 为 i 行业外资企业的出口交货值；FEX 为外资企业总出口额；FJH 为外资企业总出口交货值。

i 行业外资企业出口贸易隐含碳排放量（$FEXembodied_i$）计算公式为：

$$FEXembodied_i = \widetilde{w_i} \cdot FJH_i \cdot FEX/FJH$$

其中，$\widetilde{w_i}$ 为 i 行业隐含碳排放强度，其余变量解释同上。

加总得到外资企业用于出口（外需）的直接碳（$FEXdirect$）、隐含碳排放总量（$FEXembodied$）。

进一步也可测算外资企业用于出口（外需）的直接碳、隐含碳排放强度。

外资企业用于出口（外需）的直接碳排放强度（w_{FEX}）：

$$w_{FEX} = FEXdirect/FEX$$

其中，$FEXdirect$ 为外资企业用于出口（外需）的直接碳排放总量，FEX 为外资企业总出口额。

---

① 1992 年没有外资企业出口额数据，根据 1995 年外资企业出口额与 1992—1995 年中国出口总额同比增长率估算。

外资企业用于出口（外需）的隐含碳排放强度：

$$\widetilde{w_{FEX}} = FEXembodied/FEX$$

其中，$FEXembodied$ 为外资企业用于出口（外需）的直接碳排放总量。

2. 测算结果

外资企业出口（外需）的碳排放测算结果如表 6 - 1 所示。

表 6 - 1　外资企业出口（外需）的碳排放水平

年份	直接碳排放总量（百万吨）	直接碳排放量占中国碳排放总量的比（%）	直接碳排放强度（千克/现价美元）	隐含碳排放总量（百万吨）	隐含碳排放量占中国碳排放总量的比（%）	隐含碳排放强度（千克/现价美元）
1992	10.31	0.43	0.33	57.10	2.38	1.83
1995	15.47	0.52	0.33	85.73	2.90	1.83
1997	24.73	0.81	0.33	136.99	4.47	1.83
2002	56.10	1.57	0.33	310.80	8.72	1.83
2005	79.70	1.51	0.18	826.89	15.68	1.86
2007	80.21	1.29	0.12	1366.28	22.03	1.96
2010	75.63	0.92	0.09	937.50	11.38	1.09
2012	70.22	0.76	0.07	895.90	9.65	0.88
2015	50.85	0.54	0.05	745.39	7.94	0.74

注：受数据限制，该表仅包含货物贸易，不包括服务贸易；1992 年、1995 年、1997 年外资用于出口（外需）的碳排放量是由 2002 年数据等比例推算得到，因此 1992 年、1995 年、1997 年直接碳（隐含碳）排放强度均与 2002 年直接碳（隐含碳）排放强度相等。

（二）并集测算——中国国际经济循环的碳排放水平

1. 测算方法

在上述测算的基础上，可进一步测算出口贸易和承接国际产业转移并集 D 的碳排放水平，并将其近似看作中国国际经济循环的碳排放水平。

令国际经济循环直接碳排放总量为 $Totaldirect$，则有公式：

$$Totaldirect = EXdirect + IFDIdirect - FEXdirect$$

其中，$EXdirect$ 为出口贸易的直接碳排放总量，$IFDIdirect$ 是中国（依托

IFDI）承接国际产业转移的直接碳排放总量，*FEXdirect* 为外资企业用于出口（外需）的直接碳排放总量。

中国国际经济循环的隐含碳排放总量（*Totalembodied*）：

$$Totalembodied = embodied + IFDIembodied - EXFembodied$$

其中，*EXembodied* 为出口贸易的隐含碳排放总量，*IFDIembodied* 为中国（依托 IFDI）承接国际产业转移的隐含碳排放总量，*FEXembodied* 为外资企业出口贸易的隐含碳排放总量。

中国国际经济循环的直接碳排放强度 $w_{Totaldirect}$：

$$w_{totaldirect} = Totaldirect/(EX + Fvalue - Fex)$$

其中，*Totaldirect* 为国际经济循环直接碳排放总量，*EX* 为出口额，*Fvalue* 为外资企业总产值，*Fex* 为外资企业出口额。

中国国际经济循环的隐含碳排放强度 $w_{totalembodied}$：

$$w_{totalembodied} = Totalembodied/(EX + Fvalue - Fex)$$

其中，*Totalembodied* 为国际经济循环的隐含碳排放总量。

出口总额来自世界贸易组织数据库，外资企业出口总额来自《中国统计年鉴》，外资企业总产值使用外资工业企业总产值近似代替，后者来自《中国统计年鉴》和《中国工业经济年鉴》。其中，2013—2016 年《中国工业经济统计年鉴》没有公布外商投资和港澳台商投资工业企业总产值，采用主营业务收入近似代替。出口贸易、中国（依托 IFDI）承接国际产业转移、外资用于出口（外需）的直接碳、隐含碳排放强度由本研究测算得到。

2. 测算结果

中国国际经济循环碳排放水平测算结果如表 6-2 所示。

表 6-2　中国国际经济循环的碳排放水平

年份	直接碳排放总量（百万吨）	直接碳排放量占中国碳排放总量的比（%）	直接碳排放强度（千克/现价美元）	隐含碳排放总量（百万吨）	隐含碳排放量占中国碳排放总量的比（%）	隐含碳排放强度（千克/现价美元）
1992	142.53	5.94	1.37	452.77	18.85	4.36

续表

年份	直接碳排放总量（百万吨）	直接碳排放量占中国碳排放总量的比（%）	直接碳排放强度（千克/现价美元）	隐含碳排放总量（百万吨）	隐含碳排放量占中国碳排放总量的比（%）	隐含碳排放强度（千克/现价美元）
1995	348.95	11.82	1.19	1022.09	34.62	3.48
1997	357.45	11.66	0.98	966.37	31.52	2.65
2002	434.54	12.19	0.71	1188.20	33.34	1.95
2005	651.18	12.35	0.45	2950.77	55.95	2.08
2007	720.37	11.61	0.29	5053.92	81.48	2.11
2010	901.49	10.95	0.24	4832.66	58.68	1.28
2012	991.93	10.69	0.20	5041.64	54.31	1.01
2015	855.95	9.12	0.15	5172.07	55.11	0.90

注：（1）1992 年外商投资工业企业总产值根据 1995 年"外资工业企业总产值/其他经济成分工业总产值"的比值，同比例推算；（2）1992 年外资企业出口额根据 1992—1995 年中国出口总额同比增长率、1995 年外资企业出口额推算。

二、 测算结果比较与分析

（一）四组测算数据的横向比较

1. 国际经济循环直接碳排放量主要取决于国际产业转移

首先对比中国出口贸易、（依托 IFDI）承接国际产业转移、外资用于出口（外需）以及中国国际经济循环的碳排放水平四组测算数据。从直接碳排放量来看均呈现先升后降的趋势。1992 年出口贸易、（依托 IFDI）承接国际产业转移、外资用于出口（外需）、国际经济循环的直接碳排放量分别约 0.8 亿吨、0.7 亿吨、0.1 亿吨、1.4 亿吨，其中出口贸易、（依托 IFDI）承接国际产业转移、国际经济循环的直接碳排放量均于 2012 年达到峰值（2.5 亿吨、8.1 亿吨、9.9 亿吨），2015 年小幅下降至 2.1 亿吨、7 亿吨、8.6 亿吨。外资用于出口（外需）的直接碳排放量在更早年份（2007 年）已达到峰值 0.8 亿吨，2015 年降至 0.5 亿吨。

　　从份额来看，（依托 IFDI）承接国际产业转移是影响国际经济循环直接碳排放量的主要因素。对各观测年份占比求均值，（依托 IFDI）承接国际产业转移直接碳排放量占国际经济循环直接碳排放的比约 78%，出口贸易直接碳排放占比约 30%，二者交集［外资用于出口（外需）］占比约 8%，表明（依托 IFDI）承接国际产业转移直接碳排放量对国际经济循环直接碳排放量的影响高于出口贸易对国际经济循环直接碳排放量的影响。此外，外资企业出口（外需）的直接碳排放量占外资企业直接碳排放量的比重先升后降。1995 年占比约为 6%，2005 年达到最高值 15%，该阶段占比的上升，与初期外资企业在中国生产的商品主要用于出口有关，也与中国加入 WTO 有关，随着中国收入水平持续上升和外部需求受金融危机影响，外资企业出口（外需）的直接碳排放量占外资企业直接碳排放量的比重不断下降，2015 年占比约为 7%，如图 6-1 所示。

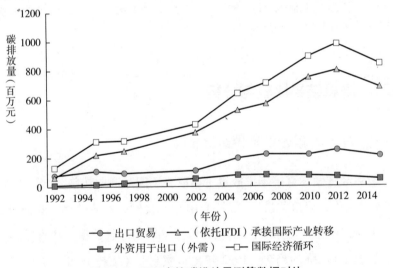

图 6-1　四组直接碳排放量测算数据对比

2. 国际经济循环隐含碳排放量受贸易和产业转移影响相对均衡

　　从隐含碳排放量来看，中国出口贸易、（依托 IFDI）承接国际产业转移、外资用于出口（外需）以及国际经济循环的隐含碳排放量均呈现前期缓慢上升、中期急速增加、后期趋于平稳的趋势。1992—2002 年上述四者的隐含碳排放量缓慢增长，随着中国加入 WTO，出口贸易、外商直接投资增速加快，

2002—2007 年上述四者急剧上升，其中出口贸易、外资用于出口（外需）都在 2007 年达到历史峰值（约 28.2 亿吨、13.7 亿吨），2007—2010 年出口贸易、外资用于出口（外需）的隐含碳排放量小幅下降，2012 年后趋于平稳。（依托 IFDI）承接国际产业转移在稍晚年份（2012 年）达到峰值，约 36.8 亿吨，2012 年后趋于平稳。外资用于出口（外需）的隐含碳排放量在 2007 年后持续走低且降幅逐渐收窄，带动国际经济循环的隐含碳排放量小幅上升并趋于平稳，2015 年达到峰值约 51.7 亿吨。

从份额来看，（依托 IFDI）承接国际产业转移仍是影响国际经济循环隐含碳排放量的主要方面，但相较 77% 的直接碳占比均值，（依托 IFDI）承接国际产业转移隐含碳排放量占国际经济循环隐含碳排放的平均比重小幅下降至约 65%，出口贸易平均比重小幅上升至约 53%，二者交集所占比重约 19%。外资企业出口（外需）的隐含碳排放量占外资企业隐含碳排放量的比重也呈现先升后降的特征。1995 年占比为 13%，2005 年占比达到峰值 41%，这与加入 WTO 有关，也与中国作为世界工厂，为其他国家承担了大量高碳、价值链低端产品的生产有关，2007 年后，外需萎缩内需提振，外资企业出口（外需）的隐含碳排放量占外资企业隐含碳排放量的比重逐年下降，2015 年占比约 20%，如图 6-2 所示。

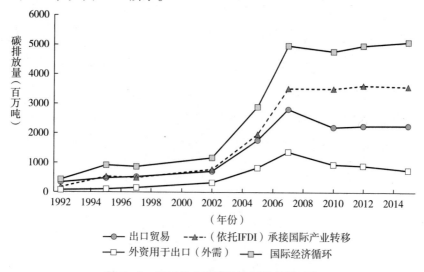

图 6-2　四组隐含碳排放量测算数据对比

3. 国际产业转移是国际经济循环直接碳排放强度高企的主要因素

从直接碳排放强度来看，相当长一段时期出口贸易的直接碳排放强度都低于甚至远低于国际经济循环的直接碳排放强度，表明出口贸易对中国国际经济循环直接碳排放强度的下降有正向影响，而承接国际产业转移拉高了国际经济循环的直接碳排放强度。此外，外资用于出口（外需）的直接碳排放强度低于出口贸易的直接碳排放强度，原因在于外资产品技术含量、产品价格相对较高，如图6－3所示。

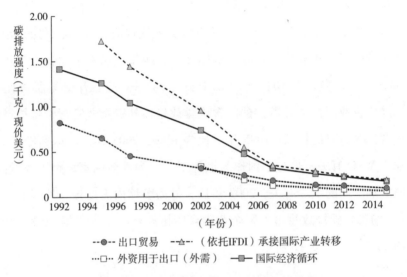

图6－3 四组直接碳排放强度测算数据对比

4. 国际贸易一度显著降低国际经济循环隐含碳排放强度

从隐含碳排放强度来看，出口贸易的隐含碳排放强度一度低于中国国际经济循环隐含碳排放强度，尤以初期最为明显。即出口贸易在2000年以前显著促进了中国国际经济循环隐含碳排放强度的下降，如图6－4所示。

（二）碳排放变化趋势

1. 国际经济循环的碳排放量变化已趋于平稳

从排放量看，中国国际经济循环的直接碳排放量先降后升，1992年国际经济循环的直接碳排放量约1.4亿吨，2012年达到峰值9.9亿吨，2015

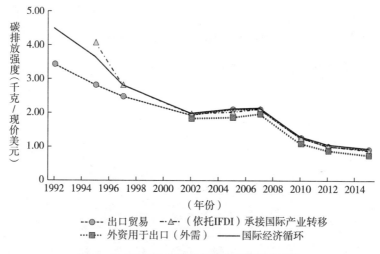

图 6-4 四组隐含碳排放强度测算数据对比

年小幅回落至 8.6 亿吨；中国国际经济循环隐含碳排放量呈前期缓慢增长，中期急剧上升，后期趋于平稳的趋势。1992 年国际经济循环的隐含碳排放量约为 4.5 亿吨，之后十年（1992—2002 年）缓慢增长至约 11.9 亿吨，在加入 WTO、承接第四次国际产业转移的背景下，2002—2007 年急剧上升至 50.5 亿吨，2007 年后在 50 亿吨左右小幅波动，2015 年国际经济循环的直接碳排放量约为 51.7 亿吨。

从占比看，中国国际经济循环的直接碳排放量占中国碳排放总量的比重在 5%～13% 之间，变化相对缓和，趋势前高后低，2015 年占比 9%；中国国际经济循环隐含碳排放量占比呈先缓慢提高，而后急剧上升，之后下降并趋于平稳的态势。1992—2002 年十年间，国际经济循环的隐含碳排放量占比从 19% 上升至 33%，随后仅用 5 年时间（2002—2007 年）就急剧上升至峰值 81%，而后下降至 59%（2010 年）并趋于平稳，2015 年占比 55%，如图 6-5 所示。

2. 国际经济循环隐含碳排放强度已趋近于中国总体碳排放强度

从碳排放强度看，国际经济循环的直接碳排放强度显著低于中国平均碳排放强度，国际经济循环的隐含碳排放强度在较长历史时期持续低于平均碳排放强度，表明国际经济循环对中国总体碳排放强度的下降曾起到了显著的促进作用。同时也应注意到，2007 年后直接碳排放强度降幅收窄，隐含碳排放强度基本与中国碳排放强度曲线重合，部分年份甚至略高于中国碳排放强度，如图 6 - 6 所示。

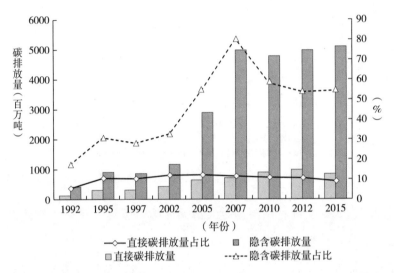

图 6 - 5　国际经济循环直接碳、隐含碳排放量占比及其占中国碳排放总量的比重

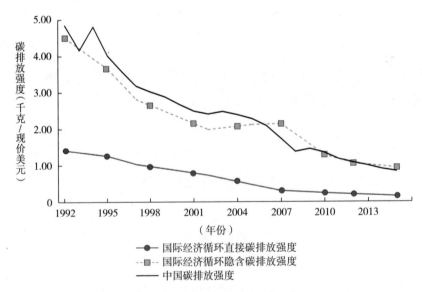

图 6 - 6　国际经济循环的直接碳、隐含碳排放强度与中国碳排放强度

　　本章研究表明，外向型经济发展模式虽使中国付出了巨额碳排放的代价，但不可因此否认其对中国跨越库兹涅茨曲线拐点的贡献。环境库兹涅茨曲线指经济增长同环境污染之间的倒 U 型线性关系，即环境质量随经济增长的积累呈先恶化后改善的趋势。中国平均碳排放强度持续下降，意味着中国已经跨越了环境库兹捏次拐点。而中国国际经济循环在相当长历史时期显著低于中国平均碳排放强度，表明中国国际经济循环所带来的技术溢出效应、外资和出口贸易结构的优化对降低中国平均碳排放强度、推动中国跨越环境库兹涅茨曲线拐点起到了显著促进作用。而当前随着中国低碳发展的持续推进，国际经济循环对促进中国碳排放强度下降所起的边际效用正逐渐递减。

CHAPTER 7

第七章

中国国际经济循环
碳排放影响机制探讨

本章研究从宏观、中观、微观三个层面构建了国际经济循环对碳排放的影响和反制影响的双向机制理论模型，基于国际与总量视角、国家与结构视角、个体与技术视角详细探讨了各类影响因素。并以中国国际经济循环的隐含碳排放水平为因变量，选取代表宏观、中观、微观三层面的典型数据为自变量，建立计量经济模型对影响机制进行实际验证。

一、 模型构建概述

（一） 基本思路

国际贸易和产业转移作为国家间最重要的两种经济交流方式，对一国的经济发展状况影响深远，也对与经济发展密切相关的碳排放也有着重大的影响。研究从宏观、中观、微观三个层面，并从国际经济循环对碳排放的影响及碳排放的反制影响两个角度，探讨国际经济循环与碳排放水平之间的影响机制，碳排放水平又可以通过碳排放总量和碳排放强度两个指标来衡量。各影响层面和影响因子对碳排放总量和强度的影响各不相同。

（二） 理论模型构建

三层面理论模型如表 7 - 1 所示。⇑表示上升、⇓表示下降、? 表示效用不明。

表7−1　国际经济循环与碳排放影响机制理论模型

影响层面	影响因子	碳排放水平评价因子		
		碳排放总量	碳排放强度	
宏观层面	国际经济循环对碳排放的影响	总量效应	⇑	？
		规模效应	⇑	⇓
	碳排放对国际经济循环的影响	气候变化	？	？
		国际规则	⇓	⇓
中观层面	国际经济循环对碳排放的影响	碳转移	⇑	？
		产业结构升级	？	⇓
		贸易和投资结构升级	？	⇓
	碳排放对国际经济循环的影响	国家碳排放权分配	⇓	⇓
		国家减排责任	⇓	⇓
微观层面	国际经济循环对碳排放的影响	技术进步	⇓	⇓
		贸易和产业政策	？	⇓
	碳排放对国际经济循环的影响	碳壁垒	⇓	？
		碳管制	⇓	⇓
		碳相关技术标准	⇓	⇓
		公众舆论	⇓	⇓

二、 宏观层面分析——基于国际与总量视角

（一）对碳排放水平的影响

从宏观层面来看，过去的半个世纪中国际贸易的规模空前扩大。就数量而言，国际贸易量是1950年的近32倍。国际贸易占世界生产总值的份额迅速上升，急速扩张的国际贸易对各国经济发展作出了重大的贡献，也由此对世界范围内的碳排放量产生了重大的影响。总体来看，国际贸易的迅速增长与各国产业结构转型升级增加了全球的碳排放总量。高碳排放产业由发达国家逐渐转移至发展中国家和欠发达国家的潮流加剧了承接产业转移国的碳排放量。

1. 总量效应推动碳排放总量增长

在宏观层面，过去数十年的国际贸易增长，产业转型和转移，带来国家经济总量增长，而碳排放作为经济发展的重要副产物之一，经济发展必然会带来碳排放总量的增长。贸易开放与产业发展允许更多地利用例如劳动力、资本或土地资源等之前未被利用的资源，从而提高生产的水平。反过来，这种经济活动的增加需要更多的能源，并且由于大多数国家都依赖化石燃料作为主要能源，规模效应将导致碳排放的增加。此外，增长的贸易将使用更多的跨境运输服务，例如海路运输、航空运输的增加，这将进一步增加温室气体排放。尤其对中国而言，在本世纪初期，中国的出口产品以较为廉价但生产过程中高碳排放的工业品为主，以此类出口带动的经济增长加剧了碳排放量的增长。

但经济发展的总量效应对于碳排放强度的影响作用难以确定。总量效应对碳排放强度的影响与国际贸易产品和服务的内容密切相关。仍以中国为例，大型机械设备、水泥建材等低端制造品是推动经济发展的动力之一，在这类生产过程中高碳排放的商品的增加会增加单位 GDP 的碳排放量；但是以高新技术产业等清洁产业推动的经济总量提升也可能会降低碳排放强度。

2. 规模效应可能降低碳排放强度

规模效应是表述碳排放边际增长的指标，从某种程度上讲等同于碳排放强度。规模效应会使上一部分所述的碳排放总量增长，但同时也会使碳排放强度下降，这是规模效应的重要正面作用。随着经济水平的提升，产业集聚的出现能够有效地降低某一产业、某一区域的交易成本、信息成本、运输成本、仓储成本等，下降的单位产品生产成本中也包括其上附着的能耗成本与污染成本等内容。因此规模效应有助于降低生产过程中隐含而非直接产生的碳排放量，并能促成碳排放强度在一定程度上的下降。

（二）碳排放的反制影响

1. 气候变化对国际贸易和产业转移的作用路径

碳排放也会对国际贸易与产业转移造成负面影响。主要体现在碳排放水平的提高对气候变化所造成的影响上，与气候变化相关的物理过程会反过来影响国际贸易的模式与内容，并有使产业结构升级的可能性。

首先，碳排放可能会改变各国的比较优势，并导致国际贸易格局的转变。碳排放有可能破坏生产和消费对经济福祉至关重要的各种商品和服务的条件，对那些以气候或地理因素构成比较优势的国家而言，碳排放导致的气候变化会影响甚至改变当地的比较优势，从而改变其贸易格局。如果未来变暖和更频繁的极端天气事件导致农作物产量下降，那些更依赖农业的国家或地区可能会减少出口。也正由于碳排放对一国比较优势的影响，碳排放也会对该国产业结构造成影响。气候变化的效应不一定局限于商品贸易，也可能延伸到服务贸易。许多旅游目的地依靠自然资源，例如海滩、清澈的海水、热带气候或丰富的降雪吸引度假者。海平面上升或天气模式的变化可能会剥夺各国的这些自然资源，影响该国服务贸易的出口。

其次，气候变化可能会加大国际贸易所依赖的供应、运输和分销链的脆弱性。IPCC 的第四次评估报告提到了其中一些漏洞（Wilbanks 等，2007a）：极端天气事件，如飓风，可能会暂时关闭港口或运输路线，并破坏对贸易至关重要的基础设施；多年冻土带的运输路线可能会受到气候变暖的负面影响，缩短道路在冬季可以通行的时间；沿海基础设施和配送设施易受洪水破坏等。供应、运输和分销链的中断将增加国际贸易的成本。虽然贸易成本的增加对整体贸易不利，但许多融入全球经济的发展中国家由于其依赖国际生产链更甚，可能比发达国家更脆弱。

这类反制作用也会继续对碳排放总量与碳排放强度造成方向不明的影响。气候变化带来的反制作用可能改变一国的比较优势，造成本国竞争力的降低，从而导致整体经济下行，生产率下降，碳排放的总量与强度将根据该国实际的科技水平和经济总量发生加减变动。但这种改变也可能成为一国提升技术、促进产业升级的契机、发展具有独特性的产业占领更多的国际市场，促进国际贸易的发展，降低碳排放强度的同时碳排放总量也可能随经济增长而增加。

2. 国际规则对减排具有正面影响

应对碳排放问题的国际公约与国际协作具有减少碳排放量的积极作用。碳排放问题与随之而来的气候变化问题引起各国政府与人民的普遍关注，1992 年《联合国气候变化框架公约》获得通过，成为世界上第一个为控制温室气体排放，应对温室气体增加给自然和人类社会造成的不利影响的国际公约。在此框架下，1997 年签订的《京都议定书》制定了早期的减排机制，第一承诺期（2008—2012 年）起到了一定的减少目标国碳排放量的作用，但也因其"短期而非长期的目标，缺乏严格合规的激励措施"，未能形成有效遵约机制而受到批评（Aldy 和 Stavins，2007），并最终宣告失败。

为应对《京都议定书》机制效力的削弱，2015 年末通过的《巴黎协定》将国际减少碳排放配额转向了各国自愿执行贡献，将基准减排量的确定权交由各国政府，同时任何缔约国应保证减排进度不发生倒退。在《巴黎协定》的遵约机制下，各国在切实地采取措施减少碳排放量。国际公约与协作机制能够有效地对碳排放量施加控制，各国出于对国际形象与国际声誉的考量，也会推广减排政策，积极投入资金与人力资源研发清洁技术，从而达成降低碳排放水平与碳排放强度的目标，承担国际责任，但由于无法确定各国具体执行减排目标的部门和减排的产业偏好，此类国际机制对碳排放强度的实际影响难以确定。

三、 中观层面分析——基于国家与结构视角

从中观层面分析，碳排放与国际贸易和产业转移之间的影响机制集中在产业结构升级与国内政策变化上。产业结构的变动影响着全球生产过程中的温室气体排放格局，国家碳排放的管制政策也影响着一国碳排放强度。

（一） 对碳排放水平的影响

1. 碳转移促进全球碳排放水平提升

由于目前各国针对碳排放征税的政策存在明显差异，对减少碳排放水平

的政策执行力度也存在不同，因此碳排放除呈现明显的国际流动，即"碳转移"。高碳排放产业将会转移至对碳排放的要求及惩罚相对宽松的国家，从而将本国的碳排放量转移到其他国家，这正是部分经济学家提出的"污染避难所假说"——部分国家在国内采取措施限制其二氧化碳排放量的措施最终不会导致全球碳排放量的减少，但会降低本国的碳排放量。

当前全球大规模的碳转移是国际分工的结果，在经济全球化的今天，一国的碳排放不仅仅是为了满足国内生产生活需要，绝大部分国家通过贸易形式也在为满足别国的需求而排放大量二氧化碳。碳转移常见于发达国家向发展中国家的转移，发展中国家常见的出口导向型的经济发展模式成为承接碳转移的重要接口，使得这些国家为满足别国生产生活需要产生了大量的二氧化碳，也是发展中国家碳排放增长的重要原因，大量高碳产业转移至发展中国家会在较短时间内提升该国碳排放强度，对该国生态环境与能源造成巨大压力。尽管从全球层面看，碳转移伴随着一定范围的产业升级与技术进步，低碳技术的扩展导致高碳技术与产业向发展中地区流动，造成了碳转移对碳排放强度的影响较难衡量（取决于产业、技术更新与淘汰的速率与创造的价值多少）。但可以明确的是，碳转移会造成全球碳排放量增加，发达国家将本应由自己国家承担的减排责任通过国际贸易与对外投资转移到不承担减排责任的发展中国家，造成达成减排目标的假象，但实际上会不断提高整体碳排放。

2. 产业结构升级促进碳排放强度下降

整体而言，产业结构的升级会降低该国碳排放的强度。产业结构升级通常意味着高科技产业的发展，生产高科技产品的过程需要更高的技术而非碳排放强度。随着产业结构调整，将高碳排放产业转移出本国会降低本国碳排放的强度，这是产业结构升级对本国减排的重要积极影响。

产业结构升级对碳排放总量的影响具有不确定性。即便产业结构升级能够降低碳排放强度，但同时会带来新的更为强劲的经济增长动力。基于前文所述的总量效应，整体经济的发展带来碳排放总量的增长会抵消产业结构升级降低的碳排放强度，最终能否导致碳排放总量下降，取决于各部分的相对数值与实际增长状况。也就是说，产业结构升级对碳排放总量的影响取决于产业结构变化后该国在资源和能力方面的"比较优势":如果其比较优势在碳排放密集程度较低的部门,那么产业结构升级将减少碳排放总量;但如果比较优势更多位于碳排放密集型部门,则会增加碳排放量。

此外,产业结构升级也会带来国际贸易和全球产业布局的变动。由于国际分工不断细化,产业链拓展使得产品由不同的生产地完成,基础加工制造业等高碳排放的产业落地较为落后的发展中国家,减少了产业转移国碳排放强度的同时加剧了产业承接国碳排放的强度。对开放国际贸易的国家来说,随着产业结构调整,转移出本国的产业的最终产品需要通过进口贸易来获得,并出口本国最终产品。生产的进一步分散与国际贸易的增加意味着需要更多的运输服务,以消耗化石燃料为主的运输过程将极大的增加碳排放量,尤其是能耗较高的航空运输用于货物运输的比例相对较快增长,也加剧了碳排放量的增加。

3. 贸易和投资结构升级降低碳排放强度

通过贸易与投资结构升级对一国碳排放水平进行调整是国际贸易与产业升级带来的另一积极影响。与产业结构升级类似的,国际贸易内容由碳附加值高的机械制造品、基础制造品向低碳附加值的服务贸易、高科技制造品出口转变,由以成本为主要推动力的低净值产品入口向以技术、质量为导向的高净值产品入口转变。

产业转移的一大推动力是资本向升级后产业的不断投入与资源倾斜,投资结构升级必然伴随着产业结构的变动。新兴清洁技术与低碳产业中国际贸易与投资结构给整体市场释放信号,极大地推动低碳产业的发展,尤其是资本的投入与技术的进步,也能够切实地推动产业升级,以新兴产业带动碳排放总量下降,用低碳排放技术降低碳排放强度,贸易和投资结构升级在这一方面发挥着明显的作用。

(二) 碳排放的反制影响

1. 国家碳排放权分配

当前,全球气候治理进入全面落实《巴黎协定》的阶段。气候谈判一方面集中于制定《巴黎协定》的实施细则,促进《巴黎协定》的原则和要素全面、均衡地落实;另一方面是开展促进性对话,促使各国加强国内政策措施,强化承诺和行动。《巴黎协定》就 2020 年后全球气候治理做了制度性安排:在控制全球温升不超过 2℃ 目标的指引下,以各缔约方"自下而上"国家自主贡献(NDC)方式提出各自减排目标和行动计划,并以全球定期集体盘点的方式促使各方不断提高承诺和行动的力度。

2. 减排责任

《巴黎协定》遵循了公约中"共同但有区别的责任原则",由各方提出减排目标,承担减排责任,并根据各国的减排目标与应有责任进行碳排放权的分配,这是全球应对碳排放带来气候变化问题的一大方案,即在根据各国减排目标划定碳排放权后可在各国之间进行碳排放权交易,激励国家发展清洁技术,降低碳排放水平与强度。

在实际中,各国在《巴黎协定》的遵约机制下按照已有减排方案承担减排责任,确实起到了明显的作用。出于国家形象与国际声誉的考量,很少有国家明确违背减排责任,或中止减排进程。国家碳排放权的分配与安排在事实上对日益增加的经济体量和碳排放总量形成制约,从总体水平和排放强度两个方面反向限制碳排放的扩展。

四、 微观层面分析——基于个体与技术视角

技术进步是降低碳排放水平最重要的途径之一。国际贸易和产业转移都具有明显的技术溢出效应,贸易增长同时会增加技术交流与技术创新机会,产业转移能够直接带来技术的转移。同时,随着技术的扩散,各国将采取技术壁垒之外的其他方式来维护本国的低碳产品的竞争力,即构建碳壁垒,这同样会对一国碳排放水平与强度产生重要影响。

(一) 对碳排放水平的影响

1. 技术进步将使碳排放总量与强度同步下降

国际贸易与产业转移带来的技术效应将降低碳排放的总量与强度,并有

助于推动更清洁的生产技术在全球的扩散，进一步使技术效应的扩大。

国际贸易和产业转移可以作为传播新技术的手段，推动全球的整体技术进步。有以下渠道可以促进技术传播：第一，通过输入中间产品（即用于下一个生产过程的制造或加工产品）和资本货物（例如用于生产中的机器或设备）推动技术创新，生产本国原本无法生产的商品和服务；第二，通过产业转移从发达国家获得有关新生产方法和设计的知识；第三，通过国际贸易提高外国技术本土化的可能性；第四，更密切的国际经济联系带来的学习机会将降低未来创新和模仿的成本，使发展中国家更容易获得新技术。技术进步通过改进生产商品和服务的方法，减少生产过程中的碳排放量，从而减少单位商品的碳排放强度，使整体碳排放总量同步减少。

更开放的国际贸易将扩大技术进步的作用，提高气候友好型商品和服务的可得性并降低其成本。这对于那些无法获得碳排放友好型（碳排放密集程度较低）商品和服务的国家，或者国内产业不能以合理的价格生产足够数量的碳排放友好型商品和服务的国家来说尤为重要。通过国际贸易，这些国家能够获得更为清洁的技术，生产碳排放密集程度较低的产品和服务，这样的技术能够减少生产过程中所需的能源，从而减少碳排放。而增加碳排放友好型产品和服务的市场准入的前景将激励出口商开发有助于缓解碳排放的新产品和服务。

各国政府与企业也将加大对清洁技术的研发投入以适应本国减排目标与法规的要求。技术进步作为改善碳排放水平最重要的途径之一，采用更清洁的生产技术不仅能够符合所在国减少碳排放、保护环境的有关法规，也是促进产业优化发展、提高整体生产水平与能力的重要途径。在政府的推广下也将激励生产商应用清洁技术产出商品与服务。

2. 行业、引导促进低碳产业发展

贸易、投资、产业、环保等行业政策导向对促进低碳产业发展，降低碳排放水平有着较为显著的积极作用。以中国为例，2018年底，生态环保部发布《中国应对气候变化的政策与行动·2018年度报告》，提出"2017年中国碳强度比2005年下降约46%，已超过2009年设定的及至2020年碳强度下降

40%~45%的目标。"这说明在此前数年间中国政府在引导产业结构调整、优化能源结构、节能并提高能效、控制非能源活动温室气体排放、增加碳汇等方面取得了积极成效。

行业政策的引导能够推动社会资源的倾斜,在促进新兴战略产业发展、严格控制煤炭消费、强化减排目标责任等方面,政策导向能够加快具体的落实,避免节能减排成为空谈。并且,行业政策能够推动减排责任和目标在国内州/省一级的实施,落实减排数据与内容。同时,国家可以根据政策偏好调整国际贸易内容与产业发展倾向,从社会层面推动低碳产业进一步发展,对减少碳排放、降低碳排放强度起到推动作用。

(二) 碳排放的反制影响

1. 碳壁垒有助于降低碳排放总量

碳壁垒对国际贸易和产业转移具有制约作用。碳壁垒中最为常见的,是各国为了减少本国的碳排放量,会在边境征收"碳关税"保护本国因采用清洁技术而成本较高的产品,激励企业发展清洁技术。类似的碳壁垒也会对发展中国家,即被征收"碳关税"商品的出口国直到倒逼减排的作用。发展中国家将通过国际贸易被拉入减排的行列,因为如果仍使用传统技术、拒绝主动减排,就意味着出口产品隐含碳量高,被内化的碳成本也大,在进入例如欧盟等发达国家时会被征收更高的"碳关税",从而失去价格优势,失去原有的国外市场。而要想使出口价格具有竞争力,就需要进行碳减排。这样的被动减排机制将和国际公约与协作机制构成的主动减排机制一道,促使发展中国家降低碳排放总量。而如果碳壁垒带来出口萎缩、转移受阻,那么会降低碳排放总量,这也是碳减排的正面作用。同时对全球整体碳排放量的减少具有积极作用。

但是,碳壁垒对于碳排放强度的影响是不确定的。如果碳壁垒能够促进出口国积极提高清洁生产技术水平,提高产品在低碳经济下的竞争力,克服碳壁垒,就是技术进步对碳排放的积极作用,将有助于降低碳排放强度。当然,碳壁垒也可能造成消极影响,如果出口国无法通过技术进步提高出口商品竞争力,则会失去海外市场,造成出口国相关产业向生产成本更低廉的地区转移，从而导致出口国产业的向外转移与产业分散，无法取得产业升级，进而导致生产率下降，则有提高碳排放强度的风险。

2. 碳相关技术标准的积极意义

一方面碳相关技术标准能够较为准确的区分低碳技术与低碳生产流程，明确低碳产业的具体标准，促进排放强度低的，采取清洁技术的产业良性发展；另一方面碳相关技术标准在国际贸易中会对进出口造成限制，这是碳标准造成的反制作用，而反过来国际贸易也会促进一国国内碳相关技术标准的外化，推动技术标准在全球的拓展，在碳减排中发挥更加积极的作用。

3. 碳管制降低本国碳排放强度

国家制定管制碳排放、降低碳排放水平的相关政策会降低本国碳排放强度。各国对碳排放的重视和管理也会带来产业结构的变动，自由经济体的生产构成将对各国环境法规做出反应，如果一个国家采取严格的环境保护措施，贸易开放带来的竞争加剧可能导致排放密集型部门迁移到环境保护法规较弱的国家，即国家采取政策限制碳排放有助于产业结构调整，促进主导产业的清洁化转型，从而降低本国的碳排放强度。

但同样应考虑到总量效应，在整体经济环境的发展下，国内政策法规对碳排放总量的影响未知。并且需要强调，无论是国家自发的制定减排政策还是迫于公众舆论压力制定相应政策，自由经济体生产结构的变化都会对其贸易伙伴的生产方式产生影响。如果施行环境友好的政策法规导致一个国家生产较少的排放密集型产品，那么该国必须从其他国家采购，这促进了这些产品在世界其他地区的生产。自由经济体的某些工业部门的扩张和收缩模式将在世界其他地区以相反模式呈现，这表明贸易开放可能导致一些国家生产更多的排放密集型产业的产品，而其他国家则专注于生产较为清洁的产业的产品。全球温室气体排放的净效应将取决于这些效应的相对优势。

4. 公众舆论呼吁有助于降低碳排放总量和强度

还存在一种降低本国碳排放强度的机制——贸易与产业结构升级带来的收入水平的提高可能导致公众对高质量生活环境的诉求，从而要求减少温室气体排放。按照马斯洛需求层次理论，如果已能够满足基本生活需要，人们会寻求更高一层级的心理需求的满足,例如尊严的肯定。当一国人民收入水平提高、社会稳定发展时,改善生活质量成为公众新的、主要的诉求。而与之相违背的是经济发展必然带来的碳排放量与碳排放强度的增大,以及气候变化、空气污染、环境破坏等负面产物,这将构成一个发展良好、经济水平较高的常见矛盾。公众对健康的生存环境与健康生活的需求将对政府制定政策形成压力,促使政府制定相关政策,引导贸易与产业升级、增加投入、制定碳相关技术标准等,激励企业与贸易往来国家采用清洁生产技术,以比前期更少的温室气体排放量生产得到与前期生产水平相似的产出,降低整体碳排放强度与碳排放量。

五、 影响机制实证检验

由于国际经济循环的直接碳排放总量小、强度低、波动幅度小,研究对此不做分析。仅从总量、强度两个维度对总量多、强度高、波动幅度大、关注度更高的国际经济循环隐含碳排放水平进行实证检验。

(一) 数据选择

1. 影响因子选择
排除国际经济循环的隐含碳排放水平计算过程中的自相关数据,确定进行实证检验的影响因子包括:GDP(宏观层面)、高技术产品出口占工业制成品出口的比重(中观层面)、R&D 投资占 GDP 比重和环境污染治理投资占GDP 比重(微观层面)。

各变量符号、含义及数据来源如表 7-2 所示。

表 7-2　变量符号、含义及数据来源

变量符号	变量含义	数据来源	单位
lnembodied	国际经济循环隐含碳排放总量的对数	本课题测算	隐含碳排放量:百万吨

变量符号	变量含义	数据来源	单位
embodiedq	国际经济循环隐含碳排放强度	本课题测算	千克/现价美元
lnGDP	中国 GDP 总额的对数	IMF World Economic Outlook 数据库	GDP：十亿美元
$(\text{lnGDP})^2$	lnGDP 的平方项	对 lnGDP 直接取平方得到	—
Ratehitech	高技术产品出口占工业制成品出口的比重	国家统计局	%
RateRD	R&D 投资占 GDP 比重	国家统计局	%
RateEnvir	环境污染治理投资额占 GDP 的比重	国家统计局	%

注：1992—1994 年尚未有"高技术产品占制成品出口的比例"（Ratehitec）数据，以 1995—2001 年高技术产品占制成品出口的比例与年份的线性模型估算；1992—1997 年环境污染治理投资额来自孙荣庆《我国环境污染治理投资发展趋势》，并根据当年中国 GDP 计算占比；国际经济循环隐含碳排放数据并不连续，缺失数据采用三次样条插值法填补。

2. 应用插值函数计算缺漏值

由于根据投入产出表所得国际经济循环隐含碳排放总量和碳排放强度并不连续，研究采用三次样条插值法对缺失数据进行填补，如表 7-3 所示。

表 7-3 　国际经济循环隐含碳排放水平插值前后数据的对比

年份	隐含碳排放量（插值前）	隐含碳排放强度（插值前）	隐含碳排放量（插值后）	隐含碳排放强度（插值后）
1992	452.77	4.36	452.77	4.36
1993			700.92	4.11
1994			905.29	3.83
1995	1022.09	3.48	1022.09	3.48
1996			1026.10	3.06
1997	966.37	2.65	966.37	2.65

续表

年份	隐含碳排放量（插值前）	隐含碳排放强度（插值前）	隐含碳排放量（插值后）	隐含碳排放强度（插值后）
1998			903.33	2.34
1999			868.69	2.14
2000			886.94	2.02
2001			982.61	1.96
2002	1180.2	1.95	1180.20	1.95
2003			1516.12	1.97
2004			2074.35	2.01
2005	2950.77	2.08	2950.77	2.08
2006			4117.79	2.15
2007	5053.92	2.11	5053.92	2.11
2008			5292.19	1.89
2009			5077.49	1.57
2010	4832.66	1.28	4832.66	1.28
2011			4867.76	1.10
2012	5041.64	1.01	5041.64	1.01
2013			5149.09	0.96
2014			5179.77	0.92
2015	5172.07	0.9	5172.07	0.90

注：插值方法为三次样条插值。

（二）相关性分析

1. 隐含碳排放总量

首先对时间序列数据进行平稳性检验，ADF 检验的结果表明，除 lnGDP 在 1% 显著性水平下平稳，rateRD 在 5% 显著性水平下平稳外，其余各变量均不平稳；进行一阶差分，发现差分后所有变量均平稳，符合 I（1），满足构造协整方程的必要条件，如表 7-4 所示。

表7-4 变量平稳性检验结果

变量	t 值	结论	一阶差分序列	t 值	结论
lnembodied	-2.1228	不平稳	dlnembodied	-1.8217*	平稳
lngdp	-4.7406***	平稳	dlngdp	-2.1298**	平稳
rateRD	-3.8224**	平稳	drateRD	-3.5671*	平稳
ratehitech	-1.9165	不平稳	dratehitech	-1.9483*	平稳
rateeni	-1.0397	不平稳	drateeni	-5.9467***	平稳

注:"***"表示1%显著性水平下平稳,"**"表示5%显著性水平下平稳,"*"表示10%水平下平稳。

其次进行协整检验。协整关系指变量间长期的均衡关系。对不平稳的变量而言,若其满足同阶单整的条件,则可进一步检验变量间是否存在协整关系。对多变量进行Johansen检验,如表7-5所示。

表7-5 国际经济循环隐含碳排放量协整检验结果

No. of CE (s)	特征值	迹检验统计量	5%临界值	Prob.**	最大特征值检验统计量	5%临界值	Prob.**
None*	0.972714	176.9059	69.81889	0.0000	79.23058	33.87687	0.0000
At most 1*	0.891213	97.67532	47.85613	0.0000	48.80395	27.58434	0.0000
At most 2*	0.809293	48.87137	29.79707	0.0001	36.45435	21.13162	0.0002
At most 3	0.348155	12.41702	15.49471	0.1380	9.414867	14.26460	0.2532
At most 4	0.127560	3.002153	3.841466	0.0832	3.002153	3.841466	0.0832

最后检验多重共线性,lnGDP、RateRD的VIF(Variance Inflation Flactors)值均在10以上,存在多重共线性。因此采用逐步回归法进行分析,如表7-6所示。

表7-6 国际经济循环隐含碳排放量相关性分析

Variable	模型1	模型2	模型3	模型4	模型5
C	1.4828***	-7.5177*	-7.6469*	-6.4034	25.5657*
lnGDP	0.7944***	3.1336***	3.1344***	2.7861*	-5.4726

Variable	模型 1	模型 2	模型 3	模型 4	模型 5
（lnGDP）2		− 0.1495 **	− 0.1444 *	− 0.1210	0.3971 *
RateRD			− 0.1523	− 0.2881	− 1.5426 *
RateEnvir				0.1719	0.2658
Ratehitech					0.0837 **
R − squared	0.8897	0.9101	0.9105	0.9111	0.9345
Adjusted R − squared	0.8847	0.9015	0.8971	0.8923	0.9163
F − statistic	177.4890	106.2460	67.8295	48.6613	51.3657

注:"*"表示在 10% 水平下显著,"**"表示在 5% 水平下显著,"***"表示在 1% 水平下显著。

模型 1 和模型 2 是只有 GDP 作自变量的结果。lnGDP 的系数在模型 1 中是 0.7944,模型 2 中是 3.1336,且均在 1% 水平上显著,表明 GDP 与国际经济循环隐含碳排放量显著正相关。模型 2 中,lnGDP 的平方项系数在 5% 显著性水平下为负,表明国际经济循环隐含碳排放量和 GDP 之间存在倒 U 型关系,环境库兹涅茨曲线成立。

模型 3 在模型 2 的基础上加入了 R&D 投资占 GDP 的比重（表示技术进步）。结果显示 lnGDP 仍显著为正,lnGDP 的平方项显著为负,说明国际经济循环隐含碳排放量与 GDP 之间的倒 U 型关系依然存在。R&D 投资占比的系数为 − 0.1523,表明技术进步对隐含碳排放量的降低有积极作用,R&D 投资占比每增加 1%,国际经济循环隐含碳排放量的对数（lnembodied）会降低 0.15%。

模型 4 在模型 3 的基础上进一步增加了环境污染治理投资占比变量。回归结果显示环境库兹涅茨曲线依然成立,各变量系数正负虽未发生变化,但显著性均明显下降,其原因可能在于变量间内生性程度的加深。环境污染治理投资占 GDP 比重（RateEnvir）的系数为正,即环境污染治理投资占比与国际经济循环的隐含碳排放量正相关。对此取滞后阶数为 2 进一步做格兰杰因果关系检验,表明环境污染治理投资占比增加是国际经济循环隐含碳排放量的格兰杰原因，如表7-7所示。

表7-7　国际经济循环的隐含碳排放总量与环境污染治理投资占比的格兰杰因果关系检验

Null Hypothesis	Obs	F - Statistic	Prob.
LNMBODIED does not Granger Cause RATEENVIR	22	0. 61568	0. 5519
RATEENVIR does not Granger Cause LNTOTALEMBODIED		12. 9471	0. 0004

模型5引入了高技术产品出口占工业制成品出口比重。并没有发现GDP与国际经济循环隐含碳排放量之间存在倒U型关系，反而存在U型关系。将高技术产品出口占工业制成品出口比重（Ratehitech）单独与国际经济循环隐含碳排放量（lnembodied）进行格兰杰因果关系检验，结果显示高技术产品出口占比增加是导致隐含碳排放量增加的格兰杰原因，这与我国贸易总量快速增长有关，如表7-8所示。

表7-8　国际经济循环隐含碳排放量与高技术产品出口占制成品比重
的格兰杰因果关系检验

Null Hypothesis	Obs	F - Statistic	Prob.
RATEHITECH does not Granger Cause LNEMBODIED	22	68. 4193	7. E - 09
LNEMBODIED does not Granger Cause RATEHITECH		1. 40233	0. 2734

2. 隐含碳排放强度

仍以lnGDP、Ratehitech、RateRD、RateEnvir为自变量。因变量换为国际经济循环隐含碳排放强度embodiedq。由于自变量未发生变化，仅检验国际经济循环隐含碳排放强度embodiedq的平稳性，结果表明原序列embodiedq在5%显著性水平下平稳，一阶差分序列在10%水平下平稳，如表7-9所示。

表7-9　国际经济循环隐含碳排放强度embodiedq的ADF平稳性检验结果

	原序列	一阶差分序列
1% level 水平下临界值	- 4. 4983	- 4. 5326
5% level 水平下临界值	- 4. 4983	- 3. 6736
10% level 水平下临界值	- 3. 2690	- 3. 2774

续表

	原序列	一阶差分序列
T 统计量	− 4. 271	− 3. 3404
P 值	0. 0156	0. 0899

协整检验表明所有变量均是一阶单整,满足协整检验的必要条件。Johansen 协整检验结果如表 7 − 10 所示。

表 7 − 10　国际经济循环含碳排放强度协整检验结果

No. of CE (s)	特征值	迹检验统计量	5%临界值	Prob. **	最大特征值检验统计量	5%临界值	Prob. **
None *	0. 932818	146. 1454	69. 81889	0. 0000	59. 40772	33. 87687	0. 0000
At most 1 *	0. 878204	86. 73767	47. 85613	0. 0000	46. 31890	27. 58434	0. 0001
At most 2 *	0. 686287	40. 41877	29. 79707	0. 0021	25. 50411	21. 13162	0. 0114
At most 3	0. 378430	14. 91466	15. 49471	0. 0610	10. 46116	14. 26460	0. 1834
At most 4	0. 183258	4. 453504	3. 841466	0. 0348	4. 453504	3. 841466	0. 0348

注:" * "表示在10%水平下显著," ** "表示在5%水平下显著," *** "表示在1%水平下显著。

逐步回归法分析如表 7 − 11 所示。

表 7 − 11　国际经济循环隐含碳排放强度相关性分析

Variable	模型 1	模型 2	模型 3	模型 4	模型 5	模型 6
C	8. 9533 ***	11. 4929 ***	11. 7404 ***	4. 0385	4. 6872 ***	10. 1441 ***
lnGDP	− 0. 8810 ***	− 1. 3507 ***	− 1. 3448 ***			− 1. 1006 **
RateRD		0. 8855	1. 2879	− 1. 5363 ***		1. 0730
RateEnvir			− 0. 6866		− 2. 2078 ***	
Ratehitech						− 0. 0371 **
R − squared	0. 8071	0. 8190	0. 8310	0. 7263	0. 6684	0. 8544
Adjusted R − squared	0. 7984	0. 8016	0. 8057	0. 7138	0. 6532	0. 8325
F − statistic	92. 0762	47. 4878	32. 7882	58. 3759	44. 3382	39. 1140

注:" * "表示在10%水平下显著," ** "表示在5%水平下显著," *** "表示在1%水平下显著。

　　模型 1 只考虑了 GDP。回归结果显示 lnGDP 与国际经济循环隐含碳排放强度 embodiedq 在 1% 显著性水平下负相关，即随着 GDP 的提高引致规模效应，使国际经济循环隐含碳排放强度不断下降，这与我国二十余年碳排放强度显著下降的实际相符。

　　模型 2 在模型 1 的基础上加入了表示技术进步的变量（R&D 投资占 GDP 比重）。lnGDP 的结果仍在 1% 水平下显著为负，但系数绝对值变大，这说明在技术进步基础上，GDP 促进国际经济循环隐含碳排放强度下降的作用更为明显。

　　模型 3 单独建立技术进步与外向型隐含碳排放强度的模型，回归结果显示技术进步和国际经济循环的隐含碳排放强度显著负相关，R&D 投资占 GDP 比重每增加 1%，国际经济循环的隐含碳排放强度下降 1.54%。

　　模型 4 为加入环境污染治理投资占比的结果仍然显示 GDP 的增加与国际经济循环隐含碳排放强度显著负相关。此外，环境污染治理投资占比系数为负，表明环境污染治理投资增加有助于降低碳排放强度。

　　模型 5 为环境污染治理投资占比与国际经济循环隐含碳排放强度的回归结果，显示二者在 1% 显著性水平下负相关，即环境污染治理投资占 GDP 比重每提高 1%，国际经济循环的隐含碳排放强度就降低 2.21%。

　　模型 6 是向前逐步回归法的结果。其中 lnGDP 的系数虽仍显著为负，但绝对值较模型 2 和模型 4 变小，表明在环境污染治理投资占比、高技术产业出口占制成品比重提升后，GDP 降低隐含碳排放强度的贡献水平略有下降。

CHAPTER 8

第八章

面向"双碳"目标的
低碳发展政策建议

本章在前文研究内容和结论的基础上，探讨中国国际经济循环面向"双碳"目标的低碳发展路径，包括优化中国国际贸易、优化中国国际产业转移以及加强法律体系、财税政策、金融政策、市场机制、监管体制和国际治理等相关配套政策。

一、 优化中国国际贸易政策建议

在全球低碳经济发展的趋势下，应对低碳技术标准和碳标识等绿色贸易壁垒，传统贸易竞争优势不断被削弱，我国外贸环境也日益严峻复杂。为落实"双碳"目标、实现低碳治理的大国责任，优化外贸环境并争取有利发展空间，我国需要深入推动贸易结构的调整和升级，充分发挥进出口贸易对低碳发展的协同促进作用。

（一）优化出口贸易

1. 改善出口贸易结构，构建绿色核算体系

改革开放以来推行的出口导向型外贸战略为中国充分发挥资源禀赋和劳动力比较优势作出了不可替代的贡献。从稳定经济发展、增强竞争优势的角度，应继续注重出口贸易质量与效益，全面优化贸易结构。针对出口贸易转型升级问题，应制定有利于低碳发展和环境协调的中长期贸易战略，着力向上下游延伸贸易产业价值链，淘汰落后产能。同时，对外贸易领域应构建立足于平衡"资源能源—贸易—环境"三者关系的"绿色核算体系"，加强对低碳贸易发展质量的监管。对传统加工贸易产业，应用低耗能、低排放先进

技术加以改造，淘汰落后工艺和技术设备，利用产业技术提升效益，向高附加值增长模式转变。贸易结构升级还需要大力促进生产性服务贸易发展，关注仓储物流、研发设计、信息咨询和金融投资等增值服务环节。

2. 调整区域出口结构，保障低碳战略实施

在我国经济结构加快调整过程中，充分利用碳减排空间广、成本低优势，整合国内资源和优势，调整各区域出口的结构，保障低碳发展战略的实施质量。在大力发展东部地区新兴产业、着力形成新经济增长点的同时，充分发挥东、中、西部地区比较优势，促进中、西部地区出口贸易低碳发展。相较于东部地区劳动力成本提高和出口结构转型，中、西部地区的能源、矿产资源和劳动力市场仍有较大潜力，需重点支持其对外贸易低碳发展。应依托"一带一路"建设规划，利用中、西部地缘优势积极与周边国家开展低碳领域经贸与技术合作，形成对外贸易多元化低碳战略。

3. 支持战略性新兴产业出口，培育绿色创新能力

中国经济发展方式转变的关键在于科技和制度的绿色创新，发挥节能环保、新能源、新一代信息技术、生物、高端装备制造、新材料、新能源汽车等战略性新兴产业在低碳经济中的重要作用。应根据市场需求变化和技术发展趋势，强化核心技术研发，有序突破绿色创新重点领域，着力推进重要创新成果产业化，并加快培育提高现有高新科技产品国际竞争力，重视知识产权和品牌形象。应在低碳经济领域的人力资金投入、机构合作研发、国际市场开拓、相关政策咨询等方面加强规划和引导，通过专项基金、财税优惠等方式支持战略性新兴产业和产品出口，提高低碳产品研发、制造和营销等环节的国际化水平。

（二）优化进口贸易

1. 扩大进口贸易规模，缓解出口负环境效应

当前国际贸易环境日趋严峻对我国外贸发展可持续性提出了更深刻的要求。适度扩大进口规模可以实现进出口贸易的均衡发展，既有利于改善外部舆论环境，也有利于缓解出口贸易带来的国内资源环境压力。我国一方面可

加大力度进口国内短缺资源、大宗产品并引进多元化低碳技术体系；另一方面可以适度提高高能耗，高排放部门的进口比例，显性降低国内能源消耗和二氧化碳排放量。

2. 优化进口贸易结构，提升国内资源配置

立足于供需结构不匹配的国内市场现状，发挥进口贸易对中国整体资源配置优化和生产效率提高的促进作用。着眼于当前商品贸易与服务贸易比重差异，以及初级产品、中间产品和最终产品的进口结构，应进一步降低初级和中间商品比重，将资源配置向服务贸易和最终产品倾斜。具体而言，在商品贸易领域，应坚持大宗初级产品进口的低碳环保原则，相对缩小资源密集型初级产品的进口规模，优化中间产品的进口结构，适度增加消费品的进口比重，加大高新技术产品进口；在服务贸易领域，应强调进口贸易的质量，关注信息化服务和金融服务的综合市场效益，通过开放式竞争提高中国在国际分工产业链和低碳价值链中的地位。

二、 优化中国国际产业转移的政策建议

围绕"双碳"目标这一深刻发展命题，跨国直接投资作为联系母国与东道国经济的重要纽带，对双方产业结构向低碳绿色转型升级有不可替代的作用，通过依托跨国直接投资优化国际产业转移结构是当前中国经济转型面临的重要议题。

（一） 优化承接国际产业转移

1. 调整外资引进策略，加快国内产业转型升级

调整引进外商直接投资策略需结合低碳发展理念，以资源能源可持续利用为核心促进外资利用转型升级，健全外资环境审查制度。加大力度推进高端制造业转移并对现有产业进行适度技术改造。鼓励外资企业引进先进适用、高效节能的技术设备。严格限制低水平、高能耗、高污染外资项目的引进。大力推动高产出、高就业且低消耗、低污染第三产业项目的引进。

2. 引入减排技术和人才，充分发挥外资溢出效应

先进减排技术是实现"双碳"目标的重要途径，应通过承接优质低碳的国际产业转移项目，加强与发达国家在国际碳捕集、利用、封存和工业脱碳等技术领域的合作，注重提高外资企业研发投资水平，充分发挥其对行业内相对落后企业和前后向关联企业的技术溢出效应，加大力度培养熟悉国际减排规则和能源技术型专业人才，以实现低碳减排技术和人力资源引进、吸收、推广和创新的良性循环。

（二）优化对外产业转移

1. 承担大国减排责任，实行绿色"走出去"战略

对外直接投资是中国充分利用国际，国内市场和资源，全面参与国际竞争、融入国际价值链的重要方式，中国在国际资本双向流动中发挥着重要作用。作为负责任大国，需通过对外产业转移履行中国在低碳减排方面的国际承诺。加强对外推广高新科技产业和节能减排技术，深化国际能源资源互利合作，进一步提升对外投资质量和效益。加快实现绿色"走出去"战略，引导优势企业有序开展境外绿色投资，避免直接将高耗能、高排放项目对外转移，积极开展有利于改善当地资源环境的重点项目和工程承包。

2. 支持和培育跨国公司，提高低碳竞争能力

对外直接投资有利于新兴经济体跨国公司树立国际品牌、拓展国际市场、获取先进管理经验，通过全球资源配置推动中国经济增长转型升级。针对不同企业异质性和东道国经济发展水平，支持和鼓励高端制造业、金融服务、医疗、新媒体、电子商务等低碳领域企业有条件、有选择地进行绿地投资和跨国并购，拓展中国企业在资源能源、技术研发、服务销售海外市场方面进行布局。增强对外投资企业在东道国绿色准入制度、低碳政策方面的适应性，综合保障跨国经营的产业安全和公平竞争。

三、 相关配套政策支持

对中国而言，无论是国际贸易还是产业转移领域的低碳发展，都面临着

不同国家经济发展水平、政治环境、法律制度、社会结构、资源禀赋的差异。其显著增加了国际贸易和产业转移面临的环境压力和风险。我国需要在法律、财税、金融、市场、监管等领域予以完善配套政策支持，以支持国际贸易和产业转移绿色低碳发展。

（一）健全法律体系

1. 健全能源立法体系，避免能源低效利用

目前我国能源立法仍处于发展初期，尚未形成与“双碳”目标适配的能源法体系。应当明确国家能源立法目标和能源战略，规范石油天然气和可再生能源的开发、生产、利用和管理，理顺能源价格机制，以提高能源分配和使用效率，避免能源浪费对环境造成破坏。

2. 完善国际贸易低碳法制，提高碳规制可操作性

中国现行国际贸易领域的立法如《对外贸易法》《货物进出口管理条例》等均对完善进出口环境标准和应对国际绿色壁垒起到了相对积极的作用。但就国内法与国际法衔接而言，与低碳相关的外贸立法体系仍不健全，从环保法出发涉及国际贸易的条例也不够具体，缺乏可操作性。应逐步完善国际贸易领域低碳法律的编制及咨询，降低碳壁垒对进出口企业带来的损失。

3. 建立国际投资低碳规则，填补环境问题法律空白

2019 年颁行的《外商投资法》作为外资领域新的基础法确立了对外商投资的促进、保护和管理制度，规定了准入前国民待遇和负面清单制度，要求保障外商投资政策的透明度、平等竞争、公共服务和合法权益，并建立了外商投资项目的核准备案、信息报告、安全审查等制度。但其中也缺乏对环境保护及低碳发展的相关约束和指导，未来应在市场准入和安全审查制度问题上审慎对待，注重弥补高污染、高排放产业转移等领域的法律空白。

（二）改革财税政策

1. 着力应对碳关税问题，善用国际征税规则

“碳关税”是指碳减排责任国针对进口高耗能产品征收的二氧化碳排放特

别关税，属于边境税收调节措施。近年美欧等发达公家提出的碳关税虽基于环境保护全球责任，矛头却直指中国等广大发展中国家，不可否认地带有单边贸易保护主义色彩。在碳关税实施与否问题背后是国际贸易规则的博弈。我国可以基于"避免双重征税原则"在国内开征碳税，逐步完善国内碳排放交易体系。

3. 改革财税政策体系，形成完整低碳税收链条

当前利用财税机制引导国际贸易和跨国直接投资企业低碳发展、强化节能责任的长效机制尚未建立。我国应逐步形成完整的支持低碳发展的税收链条，包括对生产环保产品企业减免或降低所得税，对具有显著低碳和节能效益商品减免或降低增值税，对特殊高能耗高污染消费品征收消费税，对高排放资源能源提高资源税。

4. 综合提升财政效能，扩大低碳政策支持范围

支持国际贸易和跨国直接投资企业实现"双碳"目标，加大对其财政投入，以基金、补贴、奖励、贴息、担保等多种形式调节市场资源配置。如设立清洁发展机制基金、可再生能源发展基金、低碳交通补贴、节能技术改造奖励资金以及完善政府低碳采购机制、强化低碳科研与教育公共财政投入等。

(三) 推动低碳金融

1. 完善银行主导型低碳金融，加大融资支持力度

"低碳金融"是指服务于低碳经济发展的金融制度安排和金融交易活动，包括为减少碳排放所涉及的技术和项目等提供直接投融资、碳排放权及其衍生品的交易和相关金融中介活动。目前我国低碳金融发展主要集中于建立在碳排放权交易基础上的金融创新和信贷体系。我国借鉴全球通行低碳金融经验，完善中国商业性银行通过信贷制度改革和资金担保等服务，研发多样化的低碳金融衍生品，以加大对低碳国际贸易和跨国直接投资企业的融资支持力度。

2. 健全市场主导型低碳金融，规范价格机制

伴随碳现货市场的建设，以碳期货为代表的低碳金融衍生品市场蓬勃发展。应不断健全以市场为主导的低碳金融价格机制，鼓励国际贸易和跨国直接投资

企业扩大低碳投资范围，加大投资力度，引入质押贷款、融资租赁、基金、信托、债券、保险等金融项目，形成初步规范的国际贸易和产业转移低碳金融价格机制。

（四）强化市场机制

1. 健全碳排放权交易市场，发挥市场调节作用

"碳排放权交易"是指政府在一定区域和时限内确定二氧化碳等温室气体的排放总量，并以配额形式分配给企业和组织，赋予碳排放权能够参与市场交易的商品属性。2021年7月，经过十年试点全国碳排放权交易市场正式开市，其将在碳排放控制领域发挥市场在资源配置中的决定性作用。作为实现"双碳"目标的核心政策工具之一，国际贸易和产业转移领域碳排放权交易市场的碳排放额度分配规则和碳价机制等还有待进一步完善。

2. 构建碳足迹与碳标签制度，提升碳识别能力

"碳足迹"概念源于生态足迹，被认为是产品或服务在原料获取、生产、使用、运输、废弃这一完整生命周期中能源消耗量及二氧化碳的排出量和转化量；而"碳标签"是一种用量化指数展示产品在整个生命周期中释放的二氧化碳总量的新型生态标签。相较于发达国家成熟的碳足迹与碳标签制度，中国的碳交易效率、相关机制透明度和管控措施的精准性还有待提升。在完善低碳金融体系和碳交易体系的前提下，应支持国际贸易和跨国直接投资企业搭建碳交易区块链框架，引进碳足迹核算和费用征收机制，推广碳标签使用范围，提升基于碳足迹和碳标签的生产消费识别能力。

3. 重视森林碳汇，促进碳补偿和碳汇贸易

"碳汇"也被称为"碳固"，来源于《联合国气候变化框架公约》缔结国签订的《京都议定书》。不同于从源头控制碳排放的方法，碳汇是对已被排放的二氧化碳进行末端治理的手段之一，即捕获二氧化碳并通过安全储存将其从大气中清除的过程和机制，按照固碳方式的不同可分为生物碳汇、物理碳汇和化学碳汇，生物碳汇中又以效果显著、成本较低的森林碳汇为主要手段。要保持经济增长与低碳发展并行不悖，通过碳汇造林抵减工业温室气体排放是最为可行和有效的手段之一。应多渠道加大对森林碳汇生产、经营和专业人才投入的力度，注重森林碳汇资源产权、价值核算、补偿问题。完善碳汇市场国际交易平台，探索碳汇国际贸易获取货币收益的形式。将森林碳汇与工业减排置于同等重要位置。

（五）完善监管体制

1. 建立碳排放统计与监测制度，细化实施方案

借鉴国际标准化组织碳盘查原则，加强政府与第三方机构合作开展对国际贸易和跨国直接投资企业碳排放情况的统计工作，建立以政府为主导、企业为主体的国家企业温室气体排放数据库，将中国承诺的"双碳"目标分解到具体阶段和行业企业，通过公众、行业协会、相关环保组织和媒体共同组成监督网络，更加清晰地规划中国绿色低碳发展的路线图。

2. 落实减排目标责任制，建立有效约束激励机制

坚持节能减排机制下推动目标责任细化，通过减排目标决策、分解、执行和考评四个阶段，将减排目标纳入政府部门、企业内部及相关负责人的考核范围。为保障落实效果，政府应当为国际贸易和跨国直接投资企业提供完整的碳排放信息和稳定的减排环境，针对其减排目标的切实完成情况制订有效激励约束机制，结合碳排放额度实施具体而有差异的调控监管政策。

（六）参与国际治理

1. 重点防范碳壁垒风险，防止陷入碳陷阱

发达国家通过实施碳壁垒等，对"中国制造"的国际竞争力产生了严重而长远的影响。近日欧盟宣布最早于2023年引进碳边境调整机制，碳壁垒将在未来国际贸易规制中占据更重要地位，出口产品隐含碳问题将严重制约出口贸易发展。我国应关注WTO对碳壁垒等非关税壁垒的调查和调整，率先对可作为应对国际贸易和投资壁垒的系列低碳标识进行全面研究，密切跟踪国际供应链低碳规则，防止陷入碳陷阱，着力缓和碳关税等碳壁垒对出口贸易乃至国内经济发展的限制和阻碍。

2. 积极参与国际谈判与合作，提升话语权

西方发达国家在碳壁垒等问题上长期占有较大话语权，在国际谈判与合作中，我国应当始终坚持"共同但有区别的责任"原则，积极追求碳排放领域的规则义务公平。在多边框架下与其他发展中国家形成低碳规则的合作同盟，拓展国际贸易和投资领域的规则制定权和话语权。同时，应将环境外交、气候外交作为新时代中国特色大国外交的重要组成，将中国"双碳"目标和低碳发展置于全球低碳发展的基础之上。

参考文献

[1] 陈春. 低碳经济对中国对外贸易环境的影响 [M]. 北京：中国社会科学出版社. 2017.

[2] 陈迎，潘家华，谢来辉. 中国外贸进出口商品中的内涵能源及其政策含义 [J]. 经济研究，2008（7）：11-25.

[3] 陈曦，周鹏. 中国国际贸易碳排放水平实证研究 [J]. 中国经贸导刊（中），2020（5）：106-111.

[4] 陈曦，周鹏. 中国（依托 FDI）参与国际产业转移碳排放水平实证研究 [J]. 生态经济，2020，36（7）：51-60+146.

[5] 陈曦. 从对外战略看拜登政府对外援助九大政策转向. 2021-8-1.

[6] 陈曦，程慧. 欧盟—中国贸易救济发展趋势及应对策略研究 [J]. 国际贸易，2019（6）：18-26.

[7] 陈曦. WTO 补贴改革背景下中国贸易救济应对研究 [J]. 扬州大学学报（人文社会科学版），2020，24（4）：26-43.

[8] 曹明德. 论生态法的基本原则 [J]. 法学评论，2002（6）：60-68.

[9] 大卫·李嘉图. 政治经济学及赋税原理 [M]. 北京：光明日报出版社，2009.

[10] 邓百盛，宋德勇. 我国对外贸易、FDI 与环境污染之间关系的研究：1995—2005 [J]. 国际贸易问题，2008（4）.

[11] 丁雨莲. 碳中和视角下乡村旅游地净碳排放估算与碳补偿研究 [D]. 南京师范大学，2015.

[12] 杜运苏，张为付. 中国出口贸易隐含碳排放增长及其驱动因素研究 [J]. 国际贸易问题，2012（3）：97-107.

[13] 顾列铭. 碳关税：一石激起千层浪 [J]. 中国证券期货，2009（11）：

18 – 20.

[14] 国家发展和改革委员会．中国应对气候变化国家方案［R］．2007.

[15] 国家发展和改革委员会应对气候变化司．关于公布 2009 年中国区域电网基准线排放因子的公告［EB/OL］．2009 – 7 – 2.

[16] 国家发展和改革委员会应对气候变化司．省级温室气体清单编制指南（试行）［R］．2011.

[17] 国家统计局国民经济核算司．2010 年全国投入产出表延长表编制方法．2011.

[18] 黄敏，伍世林．贸易中隐含碳问题溯源及其研究进展［J］．上海商学院学报，2010，11（2）：77 – 80.

[19] 坚定不移沿着中国特色社会主义道路前进 为全面建成小康社会而奋斗［M］．北京：人民出版社，2012.

[20] 决胜全面建成小康社会夺取新时代中国特色社会主义伟大胜利［M］．北京：人民出版社，2017.

[21] 计军平．基于投入产出模型的中国碳排放增长驱动因素研究［D］．北京大学，2012.

[22] 林伯强，蒋竺均．中国二氧化碳的环境库兹涅茨曲线预测及影响因素分析［J］．管理世界，2009（4）：27 – 36.

[23] 李堃，王奇．基于文献计量方法的碳排放责任分配研究发展态势分析［J/OL］．环境科学学报，2019 – 4 – 4.

[24] 李丽．低碳经济条件下我国对外经济贸易发展研究——基于国家竞争优势理论［M］．北京：经济管理出版社，2014.

[25] 李丽平，任勇，田春秀．国际贸易视角下的中国碳排放责任分析［J］．环境保护，2008（6）：62 – 64.

[26] 刘强，庄幸，姜克隽，韩文科．中国出口贸易中的载能量及碳排放量分析［J］．中国工业经济，2008（8）：46 – 55.

[27] 刘尚希，石英华，等．中国气候公共支出分析与评估——基于河北省的研究［M］．北京：中国财经经济出版社，2017.

[28] 马述忠,陈颖.进出口贸易对中国隐含碳排放量的影响:2000—2009年——基于国内消费视角的单区域投入产出模型分析 [J].财贸经济,2010 (12):82-89+145.

[29] 倪伟清,厉英珍.对外贸易、外商直接投资与碳排放动态关系研究:浙江实证 [J].浙江树人大学学报,2011 (4):38-44.

[30] 宁学敏.我国碳排放与出口贸易的相关关系研究 [J].生态经济,2009 (11).

[31] 齐晔,李惠民,徐明.中国进出口贸易中的隐含碳估算 [J].中国人口、资源与环境,2008 (3):8-13.

[32] 钱晓华.西方国际贸易理论综述兼论我国的比较优势 [J].世界经济情况,2006 (23):3-7.

[33] 任力.低碳经济与中国可持续经济发展 [J].社会科学家,2009 (2):47-50.

[34] 沈娇,刘正.低碳壁垒对我国出口贸易的影响及我国应对的法律措施 [J].行政与法,2011 (1).

[35] 孙小羽,臧新.中国出口贸易的能耗效应和环境效应的实证分析 [J].国际贸易问题,2010 (1):74-79.

[36] 盛仲麟,何维达.中国进出口贸易中的隐含碳排放研究 [J].经济问题探索,2016 (9):110-116.

[37] 涂正革.中国的碳减排路径与战略选择——基于八大行业部门碳排放量的指数分解分析 [J].中国社会科学,2012 (3):78-94+206-207.

[38] 王海鹏.对外贸易与我国碳排放关系的研究 [J].国际贸易问题,2010 (7).

[39] 王正鹏,李莹,李德贵.进出口贸易对中国能源二氧化碳排放影响的初步分析 [J].中国能源,2008 (3).

[40] 夏先良.碳关税、低碳经济和中美贸易再平衡 [J].国际贸易,2009 (11):37-45.

[41] 许广月,宋德勇.我国出口贸易、经济增长与碳排放关系的实证研究

[J]. 国际贸易问题, 2010（1）: 74 – 79.

[42] 许寒. 我国外贸中遭遇的"低碳"壁垒及应对策略研究 [D]. 安徽大学, 2011.

[43] 谢文武, 肖文, 汪滢. 开放经济对碳排放的影响——基于中国地区与行业面板数据的实证检验 [J]. 浙江大学学报（人文社会科学版）, 2011（5）: 163 – 174.

[44] 熊焰. 低碳之路——重新定义世界和我们的生活 [M]. 北京: 社会科学文献出版社, 2011.

[45] 薛进军. 中国低碳经济发展报告（2017）[M]. 北京: 社会科学文献出版社, 2017.

[46] 于立新. "低碳经济"压力下可持续贸易战略调整 [N]. 经济参考报, 2009 – 8 – 26.

[47] 佘群芝, 贾净雪. 中国对外贸易隐含碳排放核算及责任分配研究——基于"消费者和生产者共同负责"原则 [J]. 中南民族大学学报（人文社会科学版）, 2014, 34（6）: 132 – 137.

[48] 张国军. 碳关税对中国高碳排放企业发展的影响及对策 [J]. 企业经济, 2013（5）: 22 – 25.

[49] 赵晋平. 低碳贸易: 节能目标约束下的贸易结构调整 [M]. 北京: 中国发展出版社, 2011.

[50] 张为付, 杜运苏. 中国对外贸易中隐含碳排放失衡度研究 [J]. 中国工业经济, 2011（4）: 138 – 147.

[51] 张晓平. 中国对外贸易产生的 CO_2 排放区位转移分析 [J]. 地理学报, 2009, 64（2）: 234 – 242.

[52] 赵玉焕, 刘月. 基于投入产出法的中国出口产品隐含碳测算 [J]. 中国人口·资源与环境, 2011, 21（12）: 8 – 14.

[53] Ackerman F., Ishikawa M., Suga M. The Carbon Content of Japan – US Trade [J]. Energy Policy, 2007, 35（9）: 4455 – 4462.

[54] Ahmad N., A. Wyckoff. Carbon Dioxide Emissions Embodied in International

Trade of Goods [EB/OL]. 2003 – 11 – 3/2011 – 9 – 12.

[55] Babiker M H. Climate change policy, market structure, and carbon leakage [J]. Journal of International Economics, 2005 (65): 421 – 445.

[56] Bertil Ohlin. Interregional and International Trade [M]. Harvard University Press, US, 1967.

[57] Bin Shui, Robert C Harris. The Role of CO_2 Embodiment in US – China Trade [J]. Energy Policy, 2006: 4063 – 4068.

[58] Dabo Guan, et al. The Drivers of Chinese CO_2 Emission from 1980 to 2030 [J]. Global Environment Change, 2008: 626 – 634.

[59] Dean J M. Does Trade Liberalization Harm the Environment? A New Text [J]. Canadian Journal of Economics, 2002, 35 (4): 819 – 842.

[60] Dong Y. , Whalley J. How large are the impacts of carbon motivated border tax adjustments? [J]. Cambridge: NBER Working Paper No. 15613, 2009 (12): 1 – 37.

[61] D Ricardo. The Principles of Political Economy and Taxation [M]. Dover Publications, 2004.

[62] EU Commission. Proposal for a COUNCIL DIRECTIVE Amending Directive 2003/96/EC Restructuring the Community Framework for the Taxation of Energy Products and Electricity [EB/OL]. 2011/2012 – 1 – 2.

[63] EU Parliament &Council. Directive 2002/91/EC On the Energy Performance of Buildings [EB/OL]. 2002.

[64] EU Parliament& Council. Directive 2003/87/EC [EB/OL]. 2003.

[65] Friedl B, Getzner M. Determinants of CO_2 Emissions in A Small Open Economy [J]. Ecological Economics, 2003 (45): 133 – 148.

[66] Galeotti, M. Lanza, A. &Pauli. Reassessing the Environmental Kuznets Curve for CO_2 Emissions: A Robustness Exercise [J]. Ecological Economics, 2006 (57).

[67] Grossman, G. M. &Krueger, A. B. Environmental Impacts of A North American Free Trade Agreement [J]. NBER Working Paper, 1991,

No. 3914.

[68] Hang Mi. An Empirical Analysis of the Relationship between Foreign Trade and Carbon Emissions of China's High Tech Industries [P]. Proceedings of the 2017 2nd International Conference on Education, Management Science and Economics (ICEMSE 2017), 2017.

[69] IEA. CO_2 Emissions from Fuel Combustion 2013 [R]. OECD/IEA, Paris, France, 2013.

[70] IPCC. 2006 IPCC Guidelines for National Greenhouse Gas Inventories [M]. Hayama, Kanagawa, Japan: Institute for Global Environmental Strategies, 2006.

[71] KhorM. Is Globalization Undermining the Prospects for the Sustainable Development? [R]. Fifth Annual Hoper Lecture, 1997.

[72] Manders, T. P. Veenendaal. Border Tax Adjustment and the EU - ETS - A Quantitative Assessment [J]. CPB Document No. 171, 2008: 36.

[73] Martin Wagner. The Carbon Kuznets Curve: A Cloudy Picture Emitted by Bad Econometrics? [J]. Resource and Energy Economics, 2008 (30): 388 - 408.

[74] Michael E. Porter. The Competitive Advantage of Nations [M]. Free Press, US, 1990.

[75] Niven Winchester, Sergey Paltsey, John Reilly. Will Border Carbon Adjustments Work? [J]. 13th Annual Conference Paper on Global Economics Analysis. Malaysia, 2010.

[76] Japan International Energy Agency. Basic Act on EnergyPolicy [EB/OL]. 2002.

[77] Japan International Energy Agency. Basic Energy Plan [EB/OL]. 2003.

[78] OECD. Indicators to Measure Decoupling of Environmental Pressurefrom Economic Growth [R]. Paris: OECD, 2002.

[79] Peter, G. P. and E. G. Hertwich. Pollution Embodied in Trade: The Norwegian Case [J]. Global Environment Change, 2006, 16 (4): 379 - 387.

[80] Peters G. P. From Production – based to Consumption – based National Emission Inventories [J]. Ecological Economics, 2008, 65 (1): 13 – 23.

[81] Tapio P. Towards a theory of decoupling degrees of decoupling in the EU and the case of road traffic in Finland between 1970 and 2001 [J]. Transport Policy, 2005, 12 (2): 137 – 151.

[82] Tao Wang, Jim Watson. Who Owns China's Carbon Emission? [EB/OL]. 2007 – 10/2011 – 9 – 12.

[83] UK, Department of Trade and Industry. Our Energy Future – Creating a Low Carbon Economy [J/OL]. 2003.

[84] UNCTAD. World Investment Report 2010 – Investing in Low – carbon Economy [J/OL]. 2010.

[85] UNCTAD. World Investment Report 2018 [J/OL]. 2018.

[86] UNCTAD. Global Investment Trends Monitor [J/OL]. 2018.

[87] US Federal Trade Commission. Energy Independence and Security Act of 2007 [EB/OL]. 2007.

[88] US Congress. American Recovery and Reinvestment Act of 2009 [EB/OL]. 2009.

[89] U. S. Congress. Keep China Out of Solar Energy Act of 2021 [EB/OL]. 2021 – 3 – 25. https: //www. congress. gov/bill/117th – congress/senate – bill/1062/text? r = 1.

[90] U. S. Department of the Commerce. Commerce Adds Seven Chinese Supercomputing Entities to Entity List for their Support to China's Military Modernization, and Other Destabilizing Efforts [EB/OL]. (2021 – 4 – 8) [2021 – 7 – 20]. https: //www. commerce. gov/news/press – releases? q =/news/press – releases&page = 4.

[91] U. S. Department of the Commerce. Joint United States – European Union Statement on Addressing Global Steel and Aluminum Excess Capacity [EB/OL]. (2021 – 5 – 17) [2021 – 7 – 20]. https: //www. commerce. gov/news/

press – releases/2021/05/joint – united – states – european – union – statement – addressing – global – steel.

[92] U. S. Department of the Commerce. Commerce Department Adds 34 Entities to the Entity List to Target Enablers of China's Human Rights Abuses and Military Modernization, and Unauthorized Iranian and Russian Procurement [EB/OL]. (2021 – 7 – 9) [2021 – 7 – 20]. https：//www. commerce. gov/news/press – releases? q =/news/press – releases&page = 0.

[93] U. S. Department of the Treasury. Remarks by Secretary of the Treasury Janet L. Yellen on International Priorities to The Chicago Council on Global Affairs. (2021 – 4 – 5) [2021 – 7 – 20]. https：//home. treasury. gov/news/press – releases/jy0101.

[94] U. S. Department of the Treasury. G20 Finance Ministers and Central Bank Governors Communiqué [EB/OL]. (2021 – 7 – 12) [2021 – 7 – 10]. https：//home. treasury. gov/news/press – releases/jy0269.

[95] White House. FACT SHEET：President Biden and G7 Leaders Launch Build Back Better World (B3W) Partnership [EB/OL]. (2021 – 6 – 12) [2021 – 7 – 8]. https：//www. whitehouse. gov/briefing – room/statements – releases/2021/06/12/fact – sheet – president – biden – and – g7 – leaders – launch – build – back – better – world – b3w – partnership.

[96] U. S. Department of State. Blue Dot Network [EB/OL]. [2021 – 8 – 8]. https：//www. state. gov/blue – dot – network.

[97] Weber C, G Peters, D Guan, K Hubacek. The Contribution of Chinese Exports to Climate Change [J]. Energy Policy, 2008：626 – 634.

[98] White House. FACT SHEET：New U. S. Government Actions on Forced Labor in Xinjiang [EB/OL]. (2021 – 6 – 24) [2021 – 7 – 7]. https：// www. whitehouse. gov/briefing – room/statements – releases/2021/06/24/fact – sheet – new – u – s – government – actions – on – forced – labor – in – xinjiang/.

［99］ White House. FACT SHEET：President Biden and G7 Leaders to Announce Steps to Forge a More Fair and Inclusive Global Economy ［EB/OL］.（2021 − 6 − 11）［2021 − 7 − 7］. https：//www. whitehouse. gov/briefing − room/statements − releases/2021/06/11/fact − sheet − president − biden − and − g7 − leaders − to − announce − steps − to − forge − a − more − fair − and − inclusive − global − economy.

［100］ White House. FACT SHEET：G7 to Announce Joint Actions on Forced Labor in Global Supply Chains, Anticorruption, and Ransomware ［EB/OL］.（2021 − 6 − 13）［2021 − 7 − 8］. https：//www. whitehouse. gov/briefing − room/statements − releases/2021/06/13/fact − sheet − g7 − to − announce − joint − actions − on − forced − labor − in − global − supply − chains − anticorruption − and − ransomware.

［101］ World Bank. International trade and Climate Change：Economic, Legal, and Institutional Perspectives ［J/OL］. 2007.

［102］ WTO&UNEP. Trade and Climate Change ［J/OL］. 2009.